名家写名人

平凡的天才 华罗庚

朱自强 ◎ 主编
郝月梅 ◎ 著

图书在版编目（CIP）数据

平凡的天才华罗庚/郝月梅著. -- 北京：中国和平出版社，2021.7
（名家写名人/朱自强主编）
ISBN 978-7-5137-2035-9

Ⅰ.①平… Ⅱ.①郝… Ⅲ.①华罗庚（1910-1985）-传记-青少年读物 Ⅳ.①K826.11-49

中国版本图书馆CIP数据核字(2021)第082613号

名家写名人 平凡的天才华罗庚

朱自强◎主编　郝月梅◎著

策　划	林　云
责任编辑	张春杰
设计制作	弯　弯
封面绘画	王　光
内文插图	一超惊人文化
责任印务	魏国荣
出版发行	中国和平出版社（北京市海淀区花园路甲13号院7号楼10层　100088）www.hpbook.com　hpbook@hpbook.com
出版人	林　云
经　销	全国各地书店
印　刷	凯德印刷（天津）有限公司
开　本	710mm×1000mm　1/16
印　张	9.75
字　数	85千字
印　量	1～5000册
版　次	2021年7月第1版　2021年7月第1次印刷
书　号	ISBN 978-7-5137-2035-9
定　价	25.00元

版权所有　侵权必究
本书如有印装质量问题，请与我社发行部联系退换 010-82093832

序言

作家给孩子们的阅读礼物

朱自强

在儿童的课外读物中，传记文学应该是一种十分重要的门类，具有特殊的重要价值。新的《语文课程标准》已经用较为宽阔的视野，看待提高语文能力的过程，建议小学阶段的语文课外阅读量不少于145万字。那么小学生（包括初中生）的语文课外阅读读什么？当然主要是阅读儿童文字，而传记文学正是儿童文学中特殊的、重要的一种文类。

进入给儿童的传记文学的传主一般需具备这样一些条件。他们在某个领域有相当的成就、贡献；他们的生命历程具有波澜曲折；他们应该具有富于魅力的个性和独到的见解。这样的传主经过具有人生经验和智慧，富于文学才华的作家立传，无疑会给儿童读者以积极的影响。利丽安·史密斯就说："阅读历史和传记能够矫正短视的人生观。当孩子意识到自己生活的时代，只是从人类在这个地球上诞生之始到未知的将来这一漫长旅途上的一小段路程，就会产生了解其他时代、其他国度的生活的愿望。这样的阅读给予孩子内省的观点，帮助孩子学会鉴别只有一时价值的事物，学会全面的思考方法。"可以说，与一般的小说阅读相比，传记文学对儿童的成长具有更大、更深刻、更直接的影响。

　　孩子们阅读传记，除了求知，更希望汲取伟人的经验，来开辟自己的人生道路，为自己设定高远的奋斗目标，一本优秀传记可以让儿童的阅读生活更加快乐；同时，一本传记改变一个人一生的事例也是屡见不鲜。

　　传记对于儿童的精神成长具有如此重要的价值，而目前书店书架上众多的传记作品，在文学性和儿童性这两个方面还存在着很多问题。传记是文学，给孩子们阅读的传记，则应该是优秀的儿童文学。艺术性、思想性、趣味性应该成为儿童版传记所不能或缺的要素。

　　由中国和平出版社出版的"名家写名人"传记文学丛书，是给孩子们的一份珍贵礼物。为了打造一套高质量、高品位的儿童传记文学丛书，同时也为儿童文学的一个重要文类积累优秀成果，我特别邀请了汤素兰、程玮、格日勒其木格·黑鹤、薛卫民、徐鲁、王一梅、李东华、薛涛、李学斌、鲁冰、周晴、张洁、董恒波、余雷、管家琪、爱薇、刘东、林彦、北董、侯颖、郝月梅、顾鹰等儿童文学知名作家为孩子们创作传记，还邀请了庄志霞、赵庆庆、周宛润等作家加盟创作队伍。可以毫不夸张地说，迄今为止，在国内儿童版的传记丛书中，这样强大的优秀儿童文学作家的阵容还从未出现过。这些作家的人生智慧和艺术才华，给这套传记丛书提供了优良的品质保证，也使目前传记文学的创作，实现了艺术质量的提升。

　　这是作家给孩子们的一份阅读大礼。希望这些书籍成为孩子们成长道路上的良师益友。

导读

平凡的天才

郝月梅

他叫华罗庚。相信你一定知道，他是一位了不起的大数学家。

书中讲述的是华罗庚童年的故事，蛮好玩的，还有他非常年轻的时候，创出的一件件数学奇事。

童年的华罗庚挺平凡。

他调皮，像许多坐不住的男孩子一样，给他的爸爸华老祥惹下了不少麻烦。上学后，他逃过学，数学考过不及格，被老师骂过"笨蛋""懒人"，断言将来没有出息。稍大一点儿，他又变得呆头呆脑，连父亲开的小杂货店都看不好，被邻居认为精神有毛病……

是的，小时候几乎没人看好华罗庚，连命运都在冷落他，让他因贫穷中途辍学，又让他患了伤寒，病愈后留下终身残疾，成了一个瘸子。

然而，就是这样一个平凡又备受挫折的孩子，通过刻苦自学，却如一颗光芒四射的巨星，从江苏一个偏僻的小县城腾空而起，一下子照亮了中国和世界数学的天空。

从此，奇迹一发而不可收。

二十一岁那年，华罗庚被请到清华大学数学系。几年后，只有初中文凭的他竟教起了大学生。在清华大学的历史上，这是从来没有过的事情！

二十六岁那年，华罗庚应邀赴剑桥大学，加盟了一个世界一流的数学家们组成的研究小组，向数学研究的尖端——数论发起进攻。这个小组里，华罗庚最年轻，也是唯一的东方人。很快，华罗庚超越同行，站上了数论研究的最高峰。

后来，华罗庚应邀赴美国，在普林斯顿高等研究所从事数学研究。这里，云集着爱因斯坦等来自世界各地的大科学家。不久，华罗庚脱颖而出，被伊利诺伊大学聘为终身教授……

半个多世纪以来，华罗庚成就巨大，蜚声中外。

1984年，华罗庚以全票当选为美国科学院外籍院士，成为美国科学院一百二十年历史里，获得这个荣誉称号的第一位中国科学家。

无疑，华罗庚是一位罕见的数学天才！

从凡人，到天才，这中间华罗庚走过怎样的路？又有哪些成功的秘诀？本书的故事，可以告诉你一切。

目 录

第一章　淘气包骑"马" / 001

第二章　小戏迷 / 009

第三章　菩萨的秘密 / 018

第四章　神算小子 / 027

第五章　上学记 / 037

第六章　老师不喜欢的学生 / 047

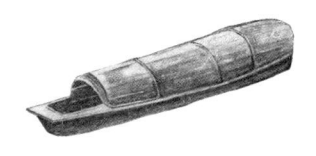

第七章 笨蛋，还是天才 / 056

第八章 "呆子"看"天书" / 065

第九章 一场劫难 / 078

第十章 小人物的大作 / 086

第十一章 到清华 / 094

第十二章 初中生教大学生 / 104

第十三章 特别的剑桥访问者 / 112

第十四章 回到新中国 / 120

第十五章 发现一颗新星 / 129

第十六章 永远的初中生 / 140

第一章
淘气包骑"马"

1910年的初冬，华罗庚来到了这个世界上。

确切地说，是那一年的11月12日。在江苏，一个叫作金坛的小镇上。

一般人家，生个男孩是件很平常的事情。但是，对于华罗庚的爸爸华老祥来说，这可是一件天大的喜事。因为，华老祥已经四十岁了，却只有一个女儿华莲青。如果这辈子没有儿子，华家可就断了香火！

四十得子，让华老祥乐得颠颠儿的。

为了保佑儿子平安，华老祥拿来一个箩筐，把刚出生的儿子轻轻地往箩筐里一放，接着又在上面扣上个箩筐。"箩筐扣住能避邪,同庚百岁能长寿,就叫罗庚吧。"华老祥说。

于是,金坛小镇上,就有了一个叫华罗庚的小男孩。

像每一个精力十足的男孩子一样,小罗庚能够满地跑的时候,特别顽皮好动,一刻也闲不着。华老祥看着欢实的儿子,总是笑眯眯的,舍不得吼儿子半句,任由宝贝儿子淘。

小时候,华罗庚最喜欢玩的是骑"马"。这匹"马",其实就是一只普通的小板凳。

夏天,天气十分炎热,各家各户都会把饭桌搬出来,支到树荫底下,坐着小板凳吃饭。这下小罗庚可有了好玩的,他坐在小板凳上一刻也不安稳,一会儿顺着坐,一会儿横着坐,骑在小板凳上蹦啊蹦的,觉得这小板凳就是一匹小马。

骑上这匹小马,小罗庚还学着大人的样子,不停地吆喝着:"马嘟嘟,驾、驾!"小马载着他,在自家的院子里欢快地奔跑。

很快,小罗庚就感觉自家的院子太小,于是,他骑着这匹小马,一蹦一蹦地,蹦到街上去了。

哗,院子外面的天地可大多了!而且,还有众人观赏。其实,不过是街上过往的人多看他一眼罢了。

有人看,小罗庚就更来情绪了,骑着他的板凳马,撒欢儿地在街面上蹦来蹦去,咯噔咯噔地,奏出石板路上一串响,

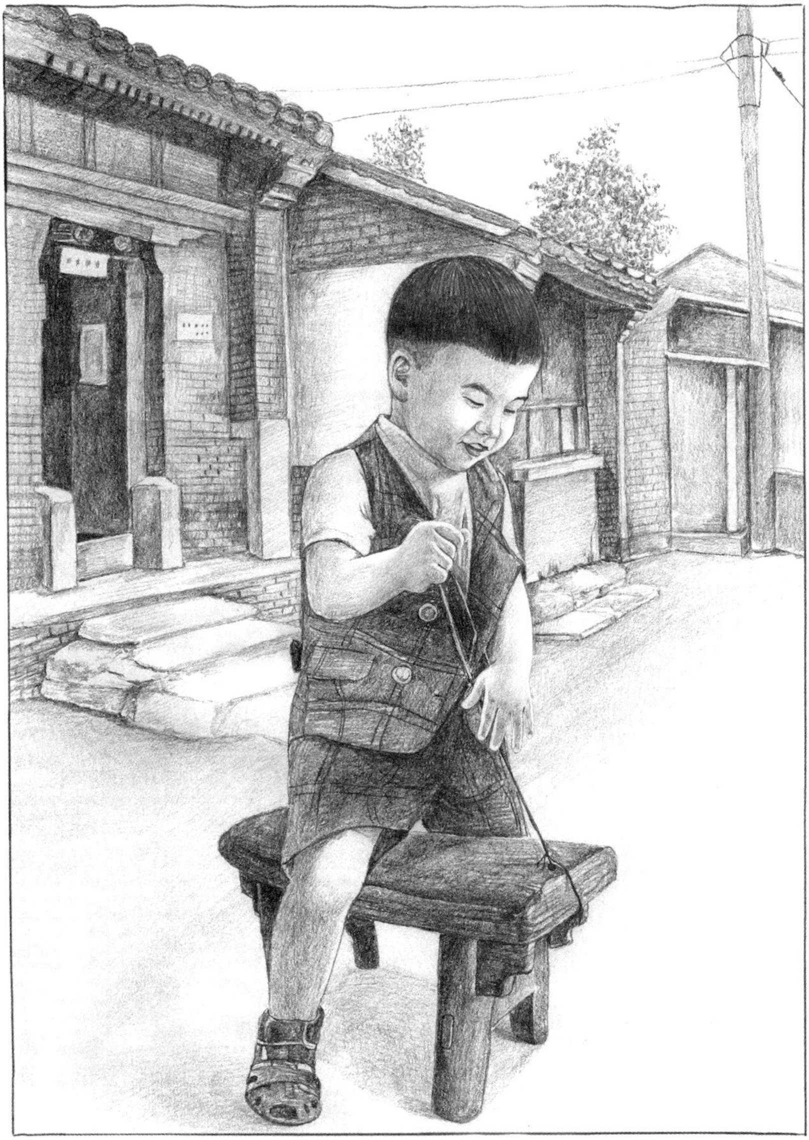

听上去，还真像大马在石板路上嗒嗒地走呢。

渐渐地，小罗庚有了一个发现，那就是，大人骑马都拉着缰绳，而他的小马却没有这玩意儿。没有缰绳，怎么能叫骑马？小罗庚就嚷着让爸爸给他的小马配上缰绳。

华老祥对儿子百依百顺，立马在小板凳上打了个洞，再穿上一根绳子，这就算是根缰绳了。

小罗庚骑在小板凳上，双手拉着这根绳子，还学着大人骑在马上一颠一颠的样子，骑着他的板凳马，一颠一颠地往前蹦，感觉真是威风极了。

这样玩了几天，小罗庚骑他的小板凳马有些腻了，就跑到爸爸的店里玩。

华老祥开的这个店，叫"乾生泰"，是个小杂货店，卖个针头线脑、香烟火柴什么的。在小罗庚看来，店里很好玩呵，有货架，有柜台，还有进进出出的人，这么热闹的地方，过去竟然没有发现！

于是，小罗庚就在店里玩开了。

很快，他在这里发现了另外一匹"马"。这匹马，就是柜台下，靠墙边放着的那条大人们坐的板凳。

华老祥的店面是当街敞开门的，里面有一排货架子，货架前面是柜台。柜台外，靠着墙边放着一条长板凳，是为顾客准备的。

有的顾客买完东西，算完了账，并不走开，要在板凳上坐一会儿，拉拉家常。有时阴天下雨，街坊邻居没事可干，也会踱到店里来，坐在板凳上，抽着旱烟，天南海北地闲聊。

小罗庚注意到，这匹马和自己原来那匹板凳马很相似，只不过高出一截、长出来一段。不同的是，好些大人都喜欢去上面坐。大人们常光顾的东西，当然是小孩子感兴趣的。

小罗庚想：如果把这条又高又长的板凳当马骑，那可算是高头大马了，大人们骑的马都是这么大呢！这回，他也要骑这条大板凳。于是，小罗庚让爸爸把原来小板凳上的绳子拴在大板凳上，这样，他就可以牵着缰绳，骑在凳子上面玩。

这匹大"马"骑上去果然神气。以后，小罗庚就经常把长板凳搬到街上去，在那里吆喝着骑马。

这样一来，店铺里就没有板凳给顾客坐了。华老祥觉得不妥，想换个玩具给小罗庚玩，小罗庚说什么也不干，偏要骑大马。华老祥只好依了儿子。

有一天，一位与华老祥有多年生意交情的人来到店里，商谈生意上的事。这是一位很重要的客人，理应让人家落座。而这时，小罗庚正把店里那条唯一的板凳当作高头大马，当街骑着玩呢。

让客人站在店里谈生意,华老祥觉得太怠慢客人了。他便快步去街上找小罗庚,想要回板凳让客人坐。哪知这时小罗庚正玩得带劲,骑在长板凳上,牢牢地拽住缰绳不放手:"这是我的大马!"

华老祥心疼儿子,舍不得强拧着小罗庚要回板凳,只得空手而归。

进到店里,华老祥红着脸向客人道歉。这位客人听说小罗庚把板凳当马骑后,不但没有不快,还为华老样高兴,连连说:

"华老祥,你客气什么,咱们又不是一天半天的交情。孩子喜欢玩就由他去吧,在这里站着喝茶不也挺好吗?常言说,'淘小子将来有出息',男孩子贪玩,这是好事,将来一定聪明!"

再长大一些,小罗庚能够蹬梯子爬高的时候,就不再满足于骑那匹板凳大马了。他时常把长板凳拉到柜台前,爬上凳子,再爬到柜台上,把柜台当马骑。

这下热闹了,华老祥的店里,不时会传出小罗庚吆喝马的叫喊声。

华老祥由着儿子的性子玩,从不打骂。这样,顾客们来买东西,就经常看到柜台上骑着个五六岁的胖小子。

这个骑柜台的小家伙可不省心,一会儿玩货架上的香烟,一会儿把蜡烛点起来玩,一会儿拿起柜台上的算盘,哗啦、哗啦地摇晃一阵子……顾客买的货物一放到柜台上,小罗庚立马就拿过来摆弄或者朝柜台上砸一砸,弄得华老祥和顾客手忙脚乱的。

这情形让小罗庚很开心呵,骑在柜台上可比骑板凳马好玩多了!

小罗庚并不知道,这样一来,爸爸又要招呼顾客,又要哄着他玩,还得防他搞乱柜台上的东西,很影响工作的。好在爸爸总是把小罗庚的要求放在第一位,并没有把捣蛋的儿子"赶"下柜台。

毕竟,爸爸四十岁才得到这个宝贝儿子。

客人们也不介意,都是当街的熟人,都很喜欢这个虎头虎脑的小男孩,常常是收拾完了东西,又逗小罗庚玩一会儿。

华老祥看着,打心眼里高兴,嘴上却连连道歉:"老哥,千万别见笑,我把这个小子惯得不成样子了。就这么一个儿子,也真舍不得管他。"

顾客们也都笑着说:"不碍事,不碍事,小男孩哪有不淘气的。"

有爸爸的夸赞,有这么多张笑脸,小罗庚骑在柜台上玩得更是尽兴，有时候，简直就是一个捣蛋大王。

柜台上经常摆放着墨水、砚台、毛笔、账本、算盘、茶壶、茶碗什么的，华老祥有时一眼照顾不到，小罗庚就把算盘碰到地上或者把茶碗打翻，弄湿了柜台。

这样一来，柜台上的茶壶、茶碗就比较短命，常常掉到地上摔碎，过个半月二十天，就得换上一茬儿新的。

而小罗庚呢，也常常弄湿了裤子。不知道的人打眼一看，还以为是尿湿的呢。

这么淘气的小家伙，换作一般父母，早就忍受不住打他屁股了，但是华老祥夫妇俩谁也不舍得打一下、骂一句，总是由着小罗庚的性子，他爱怎么玩就怎么玩，想骑什么马就骑吧。

所以，金坛小镇上，那些看着华罗庚长大的街坊邻居们，都还记得华老祥那个骑着小板凳满街颠的儿子。而当初的那只小板凳马，至今还在博物馆里收藏着呢。

第二章
小戏迷

金坛镇虽然不大,但在方圆几十里,还颇有些名气。

平日里,镇上人来人往的,有些生意人做买卖。逢年过节时,还会有戏班子到镇上来唱戏。戏班子来的时候,也是金坛镇最热闹的时候,邻村的人们纷纷从四面八方赶来,拥到镇上的旧祠堂前。

临时的戏台子就搭在这里。

一听到戏班子开场前的锣鼓声,小罗庚就兴奋得又蹦又跳,饭都吃不下,催着爸爸快点儿带他去看戏。其实,舞台上演的什么,小孩子根本就看不懂。

都是古装戏。台上那些男男女女,不是

穿红就是着绿，比画好一阵子，才拖音拉嗓地来几句道白，然后慢悠悠地唱起来。小孩子哪有耐性听这？他们来看戏，大都是图热闹，好让大人给买点儿零食吃。

这不，卖零食的小贩们就在人群中串来串去，小孩子们的眼睛几乎都长到他们身上去了。

但是，小罗庚不一样。来到戏台前，他就像变了一个人似的，不吵不闹也不要吃的，老老实实地坐在那里，很专注地盯着舞台上看，神情跟大人似的。

遇上大人们鼓掌的时候，小罗庚也跟着拍几下巴掌。

遇上大人们喜欢的戏，比如《打渔杀家》《桃园三结义》什么的，小罗庚也看得格外入迷。戏到高潮处，他还情不自禁地站起来，抻长脖子瞪大眼，生怕漏掉某个环节。

当然，小罗庚最喜欢的还是武打戏。当红脸长胡须的关公老爷出现在舞台上，伴着叮咣叮咣的锣鼓声，手抡青龙偃月刀舞动的时候，小罗庚的眼睛瞪得亮亮的，禁不住手舞足蹈地模仿起来。

其实，小罗庚也不明白戏里到底演的是什么，但就是愿意看。

看完戏，回到家都快半夜了，小罗庚还兴奋得睡不着，拉着爸爸不停地问："那个红脸的，威风凛凛的人是谁？那个黑脸的，愣头愣脑的人又是谁？"非要把戏里搞不懂的地方，向爸爸问个明白。

这时候，华老祥总是细细地给儿子讲戏里的故事。爸爸是个老戏迷呢。小罗庚听得似懂非懂。

但是，他喜欢那个红脸的将军，喜欢他手里那把大砍刀，喜欢他拿着的那根带穗子的小棍子。小罗庚明白，那根棍子是红脸大将军的赤兔马。尽管，这根"棍子马"不会跑。

于是，红脸将军的大砍刀和赤兔马就走进了小罗庚的梦中。第二天早上，小罗庚一睁开眼睛就嚷着让爸爸给他买一把大刀。

在金坛小镇，哪有卖这种玩具大刀的？华老祥就找了一块薄木片，用菜刀削成刀的形状，又安上一截圆木棍，这把大刀就算做成了。

但是，小罗庚拿着这把刀，看来看去不大满意——和舞台上关公那把大砍刀不一样嘛。不一样在哪里呢？小罗庚皱着眉头琢磨了一下，叫起来："知道了，还缺个红穗子！"

华老祥只好找来一缕线麻，用红颜料染成红色，再拴在刀背上。

"对，这才是关公大刀呢！"

小罗庚嚷着，一把夺过大刀，学着戏台上红脸大将军的样子，呀呀呀地叫着，起劲抡了起来。舞了一阵，他又跑到院子里翻腾，找出一根竹竿，当作他的赤兔马。

这样，小罗庚一手拖着竹竿，顺在两腿中间，一手拿着大刀，威风凛凛地蹦到街面上，"嗨嗨嗨！"兴奋地比画起来。

街坊邻居家的小孩子见到华罗庚这样，感觉很新鲜，也都追随着他，热热闹闹地在街上跑来跑去。有这些小伙伴簇拥着，小罗庚好不得意，觉得自己就是戏里那个红脸大将军了。

由于痴迷看戏，后来，小罗庚竟惹了一场不算小的麻烦。

这一年的端午节，戏班子在金坛镇唱了五天戏。小罗庚场场都看，还是没有看够，待戏班子收拾了道具，装上马车，准备离开金坛镇的时候，小罗庚就"骑"上自己的赤兔马，扛着自己的关公大刀，跟在戏班子的马车后面出发了。

这时候，人们都纷纷拥到小镇的街上看热闹，华老祥也跟出来了。

本来，华老祥一双眼睛紧盯着儿子，但在街面上遇到了熟人，你一句我一句聊起来，一时就忘了宝贝儿子华罗庚。街上的人们，这阵也都争着看戏班子的名角，指指画画辨认着他们在戏里扮演的角色，就没有人去关注一个小孩子了。

于是，骑马扛刀的小罗庚，在大人们的眼皮子底下，追

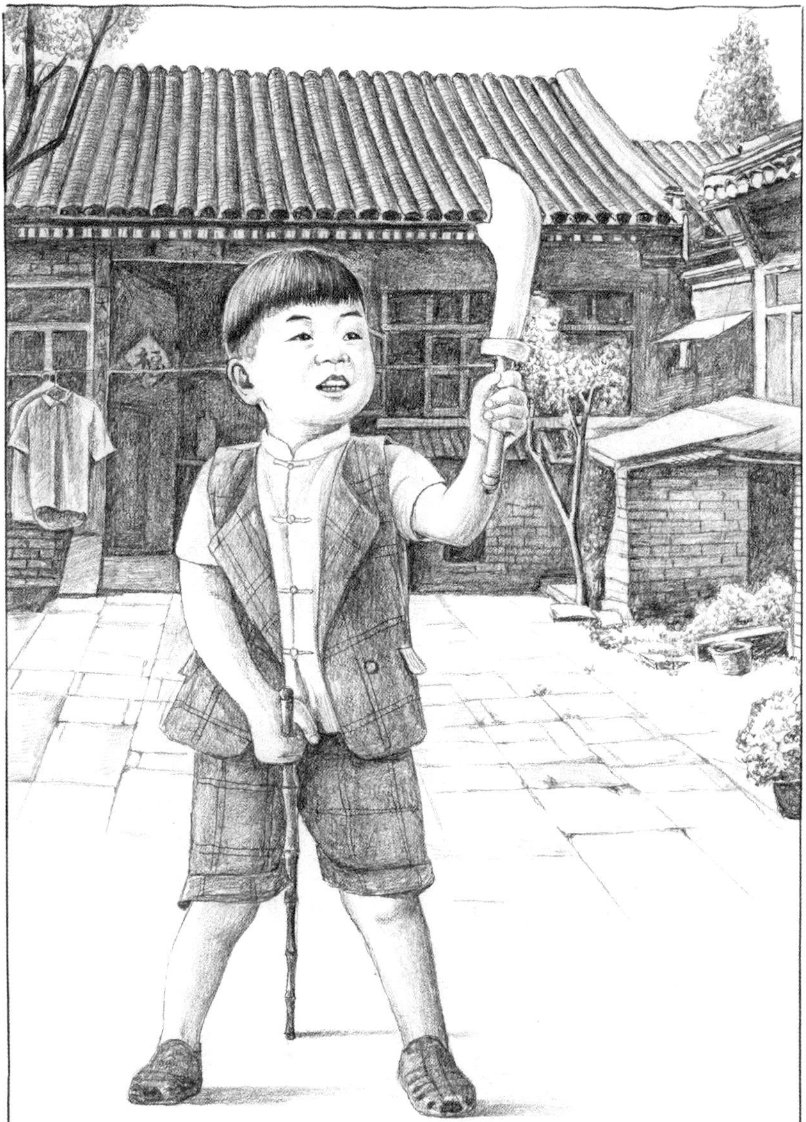

随着戏班子的马车，蹦蹦跳跳地离开了金坛镇。

刚刚走出金坛镇的时候，小罗庚一路走一路玩着，还跟得蛮轻松的。但是，他毕竟人小力气不足，渐渐地就与前面那几辆马车的距离越来越远了。小罗庚"骑"着自己的赤兔马追啊追，无奈赤兔马是一根棍子，一根不会跑的棍子，怎么能追上前面的马车呢？

追了一阵，小罗庚累了，就一头倒在路边的草丛中，呼呼地睡了过去。而这个时候，小罗庚的家里已经闹翻了天。

爸爸华老祥回到家里，见儿子不在，还以为他在街上跟小伙伴们玩呢，并没在意。直到吃饭时还不见小罗庚，华老祥才觉得不对劲，急忙到街上去找，没有儿子的踪影，向街坊邻居打听，也都说没见着。

一家人害怕起来：孩子这么小，会不会叫坏人拐跑了？或者到运河边玩耍，不小心掉到了运河里？

听说华老祥的宝贝儿子不见了，邻居们赶忙分头帮着找，整个镇子都找遍了，甚至找到了镇子外面，找到了山脚下，依然不见小罗庚。

妈妈忍不住大哭起来："罗罗，你到哪里去了？我们半辈子才得了你，可千万别有个三长两短啊！"

华老祥也急，但总算没有乱了阵脚，他皱着眉头琢磨：

小罗庚会到哪里去呢？

忽然，华老祥想起小罗庚特别愿意看戏，会不会跟着戏班子走了？戏班子往二十多里外的另一个镇上去了，应该沿着那条路找一找。于是，华老祥马上到邻居家借了一匹马，央求一位年轻人赶快骑马追。

家里找翻天的时候，小罗庚还躺在路边的草丛里，呼呼睡觉呢。

正是初夏，路边的草丛长得高高的，很是茂盛。躺在软软的草丛里，闻着淡淡的青草香，做着美美的关公梦，跑累了的小罗庚，睡得很沉。

这时候，那位骑着马，急急地沿着来路寻找小罗庚的年轻人正瞪大眼睛，一路仔细搜索着，策马嗒嗒嗒地朝这个方向奔来。

路上空空荡荡，戏班子早已没了踪影，连马车扬起的尘土也都落定了，哪里有小罗庚的影子？于是，这位年轻人快马加鞭，朝戏班子所去的那个小镇跑去。

嗒嗒嗒的马蹄声惊醒了在草丛中熟睡的小罗庚。他睁开眼睛，一时不知这声音来自何方。

他站起来，见四周是空旷的荒野，一条大路伸向远方，路的尽头有匹马在急驰，这是小罗庚所能看到的地方，唯一的人影。他朝着那远去的马的背影拼命大喊:"哎,等等我!哎……"

但是越喊,马的影子越小,很快就消失了。

天渐渐晚了,太阳已经西斜,夕阳把草的影子拉得长长的,四周暗了下来,静得有些吓人。

小罗庚害怕了,这是什么地方啊?从没独自来过这里,该怎么回家?他扛起心爱的关公大刀,拖着棍子赤兔马,无助地在荒野里走来走去,不知道该往路的东面走,还是西面走。

天黑下来的时候,焦急等待的华老祥一家,终于等回了宝贝儿子。就见归来的小罗庚神气地骑在一匹真正的大马上,一身一脸的灰土,衣衫也撕破了,却还蛮高兴的,在马背上不停地舞弄他的关公大刀,远远地就大喊:"爸爸、妈妈,看啊,我骑上真正的大马啦!爸爸,给我买一匹这样的大马吧!"

原来,那个骑马的年轻人奔到二十里外的那个小镇,追上了戏班子,没有找到小罗庚,只好返回金坛镇。不想,却在回来的路上遇到了迷茫的小罗庚。

华老祥听说后,问小罗庚:"你一个人在野外,不害怕吗?以后可不要乱跑了。"

小罗庚回答说:"不怕,我有我的关公大刀!"

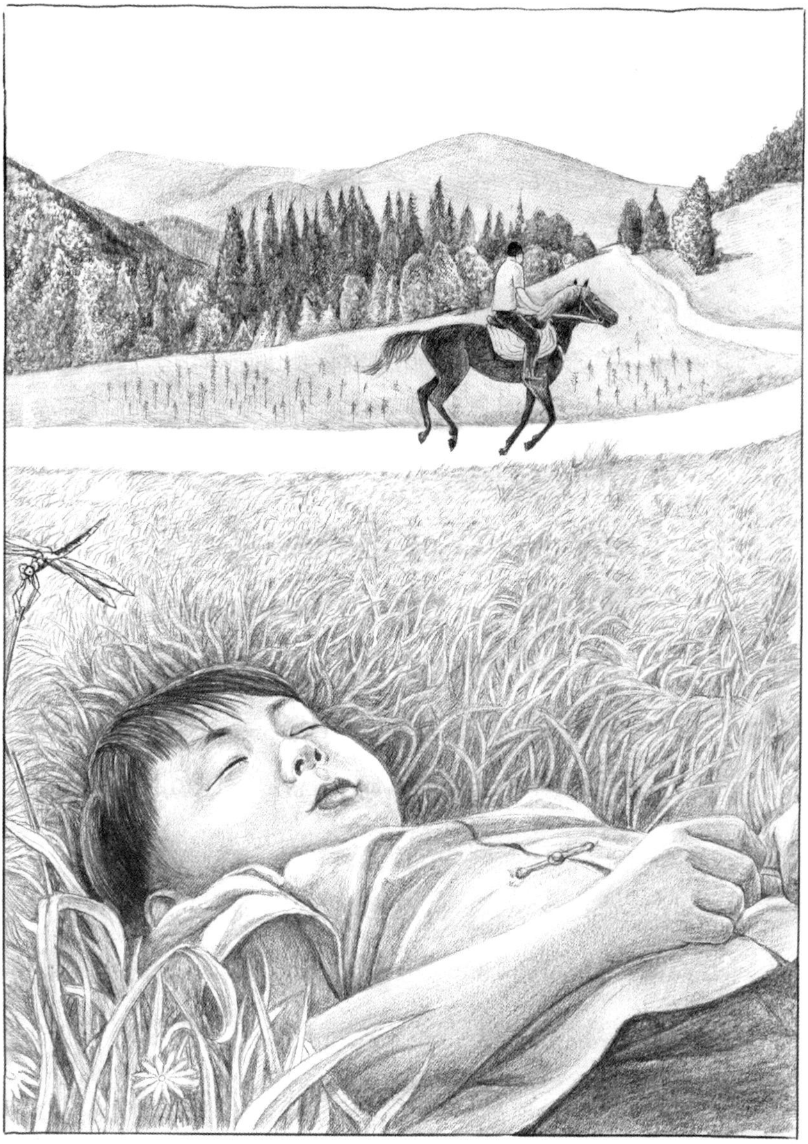

第三章
菩萨的秘密

从记事起,小罗庚就注意到,家中的厅堂里供了一尊菩萨像。

妈妈对菩萨诚心敬奉,每天都要烧上几炷香,然后双手合拢,放在胸前,嘴巴里咕咕哝哝,对着菩萨虔诚地祈祷。

打量着菩萨像,小罗庚很是奇怪:这个长着一副妈妈样,微闭着眼睛,穿着罗裙,戴着链子,翘着手指坐在莲花上的女人,有什么本事让妈妈这么敬奉?

妈妈告诉小罗庚:"菩萨是神,可了不起了!如果没有菩萨的保佑,你早在三岁那年就被河水卷走了。"

说到这件事,妈妈还非常后怕。

妈妈说,那年她带小罗庚回丹阳老家,

坐的是一辆由车夫推的独轮车。那天风雪交加，道路泥泞，车夫因为天冷喝了点儿酒，结果走路晃晃悠悠。在过一座桥的时候，车子一歪，小罗庚和妈妈就掉进了河里。妈妈大声呼救，可是那个车夫吓呆了，湍急的浪头几下就把紧抱着小罗庚的妈妈卷到了河中央。当时，妈妈已经绝望了，不料一个浪头卷来，竟把他们母子又推到了岸边……

"你说，都已经到了死神边上，又莫名其妙地回来了，不是有菩萨的神力帮助，又会是什么？"妈妈说。

小罗庚听了，认真地看了看那尊菩萨，怎么也看不出这位坐着的女人会有那么大的神力。小罗庚问妈妈："菩萨为什么有神力啊？"

妈妈也答不出。

小罗庚又去问爸爸："菩萨为什么那么神？"

华老祥摸摸儿子的大脑袋说："这不关你的事，孩子。"

爸爸越这样说，越勾起了小罗庚的好奇心。菩萨显灵的事就埋在了小罗庚的心里。

金坛镇东门外很远的地方有一座山，叫青龙山。山上有个庙，在这一带很有名气，庙里有菩萨。每年春天，镇上赶庙会的时候，庙里的菩萨就会骑着大马，款款地到来。

菩萨一来，小罗庚就盯着菩萨看。他倒要看看，菩萨是怎么显灵的。

他发现,青龙山庙里的菩萨和妈妈供奉的那尊菩萨模样不大一样。这位菩萨坐在高头大马上,穿着花衣服,头上插满羽毛,眯缝着眼睛,双手合在胸前,怎么看怎么跟身边的人差不多。

这就让小罗庚好奇:这个菩萨也会显灵吗?

小罗庚感到疑惑的时候,赶庙会的大人们却都纷纷迎向菩萨。

在菩萨面前,大人们一个个恭敬得不得了。有的跪下磕头,有的打听治病的方子,有的求菩萨赐给个儿子,有的让菩萨给算算命,有的问菩萨自家的风水,有的请菩萨降恩赐福……哗,好不热闹。引得小孩子们都围过来看。

而菩萨呢,则煞有其事地接受人们的朝拜,为这些虔诚的人指点迷津。

这个菩萨真有那么神奇吗?

小罗庚追在骑马的菩萨后面,一边看热闹一边琢磨。突然,一个点子涌上心头。小罗庚凑到马屁股后面,悄悄拽了一下马尾巴。那匹马准是感觉不舒服了,猛地撩起前蹄,仰起脑袋来大吼了一声:"呜呵呵……"

端坐在马背上的菩萨吓得大惊失色,差一点儿从马上栽下来，慌乱中赶紧双手抓牢缰绳，头上插的羽毛纷纷落下。

嗯，还保佑别人呢，连自己都保佑不了！小罗庚心想。

回到家里，小罗庚笑嘻嘻地把这件事告诉了爸爸妈妈。

爸爸妈妈一听，吓得脸都变色了。妈妈忙跑到那尊菩萨像前跪下，不停地祈祷，请大慈大悲的菩萨原谅小罗庚的冒犯。爸爸华老祥呢，则拉下脸来，狠狠地斥责小罗庚："罪过呵，罪过！"

这之后，爸爸妈妈一直忐忑不安，生怕小罗庚惹恼菩萨，给他引来灾难。许多天过去了，小罗庚平平安安的，爸爸妈妈这才放下心来。

不过，来年菩萨再光顾庙会时，华老祥可不敢再放小罗庚一个人去了。他全程跟住儿子，看得紧紧的，直到庙会散了，菩萨骑马离去，华老祥才松了一口气。

当然，这样"冒犯"菩萨的事没有再发生过。不过，每次看到菩萨来的场景，小罗庚总要问爸爸妈妈："那个菩萨，人们为什么都拜她？"

这可不是爸爸妈妈感兴趣的问题。但是，小罗庚非要让爸爸妈妈给他解答这个问题。妈妈便说："拜菩萨是老辈人传下来的，大家都拜，我们就拜呗。"

但是小罗庚不这么想。

十岁那年，青龙山庙里的菩萨又进城了。

庙会上的人远远见到菩萨，就激动起来，把菩萨围得水泄不通。菩萨走到哪里，哪里的人就下拜磕头，都是老一套，祈求菩萨消灾降福、救苦救难什么的。

看着大人们一个个恭敬虔诚的样子，小罗庚嘻嘻直笑，他觉得很好玩。

庙会闹腾了一天，终于散会了，赶会的人们纷纷回到自己的家，菩萨也骑着高头大马，回山里去了。

见菩萨走了，一直盯着儿子的华老祥又松了一口气，就先回家去了。可是过了许久，小罗庚也没有回家。妻子焦急地问："罗罗呢？"

华老祥也觉得不对劲儿，一家人立即到街上找。胡同里，邻居家，街场上，小罗庚能玩到的地方，家里人都找遍了，但就是找不到。

遇到这样的焦心事，华老祥夫妇不约而同地想到了菩萨。

于是，妻子忙去给家里供奉的菩萨烧高香，又跪下深深地叩拜，默默地为儿子祈祷："大慈大悲的菩萨呵，我们华家半辈子才有这么根独苗，求您千万保佑他平平安安回来……"

小罗庚到哪里去了呢？

原来，他正走在通往青龙山的小路上。他想看一看，那个菩萨究竟是怎么回事。这不，前面不远处，就是那个骑着高头大马，穿着花衣裳的菩萨。

一开始，小罗庚小心警惕着，与菩萨保持着比较远的距离。他心想：都说菩萨是万能的，菩萨那插满羽毛的脑袋后面会不会有眼睛能看到自己？

嗯，菩萨没有发现自己。

小罗庚开始跟近了，只觉得马屁股在眼前晃啊晃的，骑在马背上的菩萨头也不回。不过，菩萨不再双手合十，因为小罗庚从后面看到，菩萨两只手很随便地做这做那，还不时跟那个牵马的说话。可是说的什么，小罗庚听不清。

小罗庚很想听听菩萨说什么，就往前靠近了一点儿。

"啊嚏！"菩萨突然打了一个喷嚏。

小罗庚忙躲藏到树丛里，心想：不会是菩萨发现了自己吧？还好，菩萨没有回头，依然骑在马上往前走。这个菩萨，怎么也会打喷嚏？跟其他人没什么两样嘛。

青龙山上，那座有名的庙到了。菩萨下了马，走进庙里，走得还挺快，大步流星的。怎么看，怎么像平常人，而不像会显灵的神。

其实，神是个什么样子，菩萨该怎么走路，小罗庚也不知道。反正，神应该和我们不太一样吧。要不，为什么叫菩

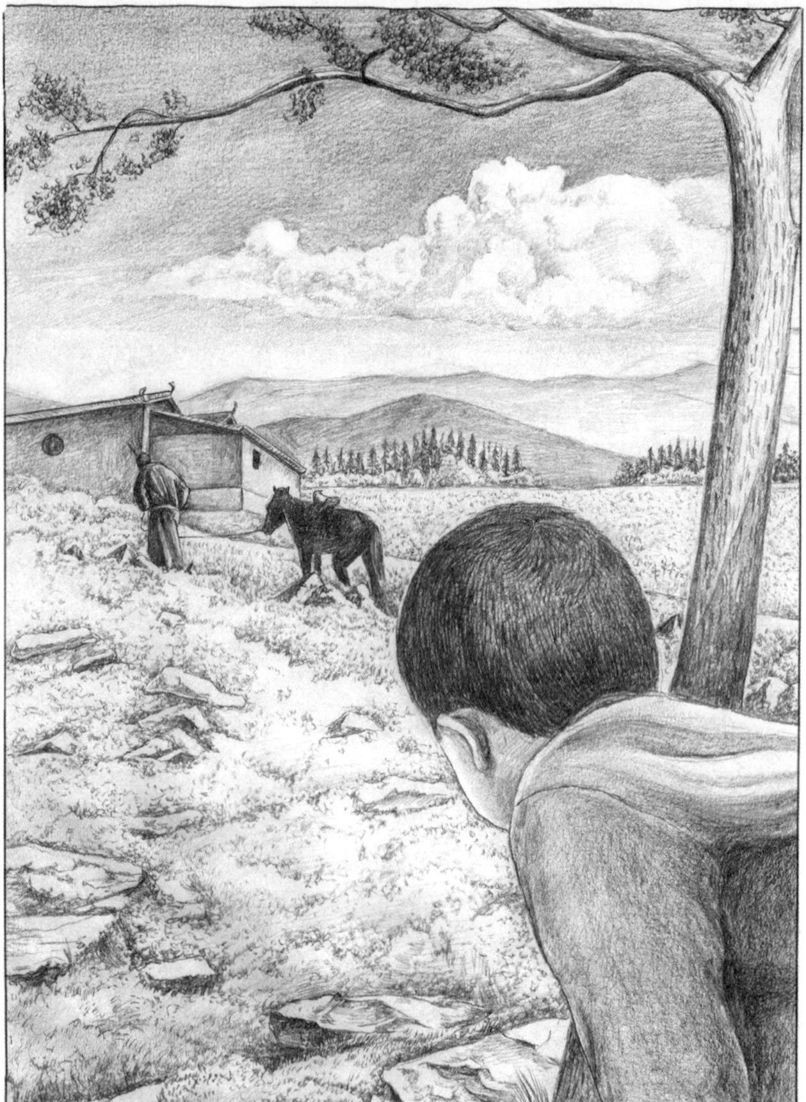

萨呢？

一阵说话声过后，那座庙静了下来。庙里的人没有发现后面跟来了一个孩子，吱的一声掩上了庙门。小罗庚就藏在庙门外，探头探脑地从门缝往里面看。院子里的马发现了他，停下吃草，看看小罗庚，想说话又不会说，打了个响鼻，又埋下头去继续吃草。

小罗庚躲在庙门外，惊异地发现，菩萨的花衣服不见了，头上插的羽毛也卸了下去，他换上了普通人的衣服，长着一张普通人的脸！

这个菩萨看来是饿极了，大声吆喝着要吃饭，并且还迫不及待地冲到院子的角落去。小罗庚听到了哗哗的排泄声……

这一下小罗庚明白是怎么回事了，掉头就往回跑。跑得那叫一个快，因为他发现了一个惊天大秘密呢！

天黑下来的时候，小罗庚赶回到家里，脸上得意扬扬的样子。

"你到哪里去了，这么晚才回来？"爸爸华老祥很生气地问。

"哎呀，罗罗，你可把我和你阿爸急死了。"妈妈松了一口气，搂着笑嘻嘻的小罗庚说，"幸亏我烧了高香，请菩萨保佑你。这不，平平安安回来了。"

小罗庚说："妈，你以后不要再烧香磕头了，菩萨是骗人的。"

"哎呀，罪过，小孩子懂什么？"华老祥忙训斥儿子。小罗庚却认真地反驳说："我到青龙山的庙里去了，'菩萨'原来是假的，是人装扮的！"

第四章
神算小子

华罗庚六七岁的时候,是个出了名的淘气包。

他在家里一刻也待不住,整日拿着把木头做的大刀,拖着根棍子,跑到街上和一帮皮小子玩在一起。他自己充当大王,领着孩子们追追杀杀的。

街坊邻居们都知道这个被唤作"罗罗"的男孩十分调皮。"叫他爸爸华老祥惯的呢,四十得子,宝贝呵。"人们议论说。

华老祥却不这样看,他总会笑眯眯地瞅着儿子的身影说:"玩吧,小子哪有不调皮的?只要不跑丢了就好。"

但是,后来的事情,却让邻居们对这个

顽皮小子另眼看待了。

一

有一天，和华罗庚一起玩的小伙伴中，有一个孩子家里请客，大人忙着张罗客人走不开，就打发这个孩子去镇上的小杂货店买几样东西。小伙伴们一听，都跟着这个孩子，吵吵嚷嚷地一起去了。

店老板一看来了一帮孩子，满脸都是笑，热情地问："孩子们，你们买什么啊？"那个孩子背诵着大人交待的："一斤酱油，半斤咸盐，三两香油，四两陈醋，两盒火柴……"

要买的东西够零碎了，可是，店老板一点儿都不嫌麻烦，噼里啪啦打着算盘，嘴巴里很麻溜地念叨着每一样东西的价钱、买的数量，最后报出总价："一共三十七文钱。"

那个孩子交上钱，拿好买的东西，准备离开店的时候，正在一旁玩的小罗庚忽然拦住他，对那个店老板说："不对，是三十二文钱，你应该找给他五文钱！"

店老板吃了一惊：这个小孩子说的半文都不差！

不过，店老板可不想轻易认输。再说，看这孩子一身灰土，又是棍子又是刀的，不像是个识数的，说不定是瞎蒙的呢。他便硬着头皮不承认，还哄着孩子们："走吧，快走吧，你爸妈还等着你买酱油炒菜呢！"

小罗庚可不好对付，他挥舞着大刀，毫不含糊地对店老板喊："就是三十二文，肯定是三十二文，快退钱给人家！"

孩子们听小罗庚这样说，都围了过来，他们倒要看一看，是小罗庚算得对，还是店老板算得对。这件事情，让孩子们觉得太好玩啦！

孩子们吵吵嚷嚷地围着，店老板就心虚了。

他紧张地看看街上，有走过的大人往店里望，远处也有人好奇地往这边瞅，如果事情闹大，说出去很没面子的。再说，店老板已经认出这个拿大刀的男孩是华老祥的儿子，华老祥是个精细的买卖人，算盘也打得来，万一闹到华老祥那里去……

果然，就听眼前这个皮小子不依不饶地说："就是三十二文，不信，让我爸拿算盘来跟你算一算。"

店老板只得赔着笑脸说："噢，是吗？让我再算一算。买的东西太零碎，会不会是……"这样嘟囔着，店老板噼里啪啦又打起了算盘，完后对孩子们宣布："别说，倒真是三十二文，刚刚人多一乱，我算马虎了。"

这样说着，店老板忙找回五文钱给那个孩子，并满脸堆笑地把孩子们送到店门口："拿好了，孩子们，不要出去乱说哦，刚刚是我马虎了。"

孩子们的嘴巴是搁不住话的。

店老板到底是马虎了，还是故意的，小孩子们不在乎，他们在乎的，是他们的头儿华罗庚，不仅捣蛋点子无穷多，还会心里算账，那家店老板的算盘都算不过他！

于是，这些孩子回到家里，都把他们的惊奇发现跟大人说。

大人们听了，也感觉这事很奇。原来，华老祥这个宝贝儿子不仅淘气，还会算账呢！他们没有想到，这件小事仅仅是个开始，再往后，这个调皮小子在计算方面制造的奇异事，一次更比一次让大人们刮目相看。

二

华老祥知道这件事后，很是惊讶。尽管他教过小罗庚数数儿，也教过三加四等于七、八加二等于十这种简单的加法，可他绝没有想到，儿子竟然能完成那样复杂的加法。

从此，华老祥每天晚上盘点账目的时候都把小罗庚叫过来，他说出一笔笔数字，让小罗庚心算。

这点儿小账，在小罗庚那里根本就不算事。他一边玩，一边听，每次都是华老祥刚刚报完数，小罗庚的得数已经报出来了。华老祥还不放心，拿过算盘，自己噼里啪啦打一阵，结果和儿子得出的数半点儿都不差！

看着儿子的大脑袋在自己眼前晃来晃去，华老祥非常高兴，他心想：有这么聪明的儿子帮着，往后自己的生意不成问题了。他决定教小罗庚打算盘，毕竟，复杂的细账光靠心算是不准确的。

小罗庚对算盘再熟悉不过，还是小不点儿的时候，他就看着爸爸打算盘，还经常随手抓过算盘玩，现在学起打算盘来快得很。

不到半天工夫，一般的数字加减，小罗庚就打得非常麻利了；再有两三天工夫，他乘法也会了；一个星期过去，带小数的乘法和除法，小罗庚也打得很熟练了。再到后来，小罗庚竟然嫌爸爸算得太慢了。

华老祥说："慢着点儿好，慢着点儿有准头，做生意的事一定要细心，不能光图快。"这样嘟哝着，就把儿子飞快算出的数再打一遍。

奇呵，小罗庚算出的数竟然从没出过错！

这下华老祥放心了，也很为宝贝儿子得意。为了让众人也知道儿子的"功夫"，华老祥经常把小罗庚带到店铺里，有顾客来买东西的时候，他帮顾客打点货物，让小罗庚算账。

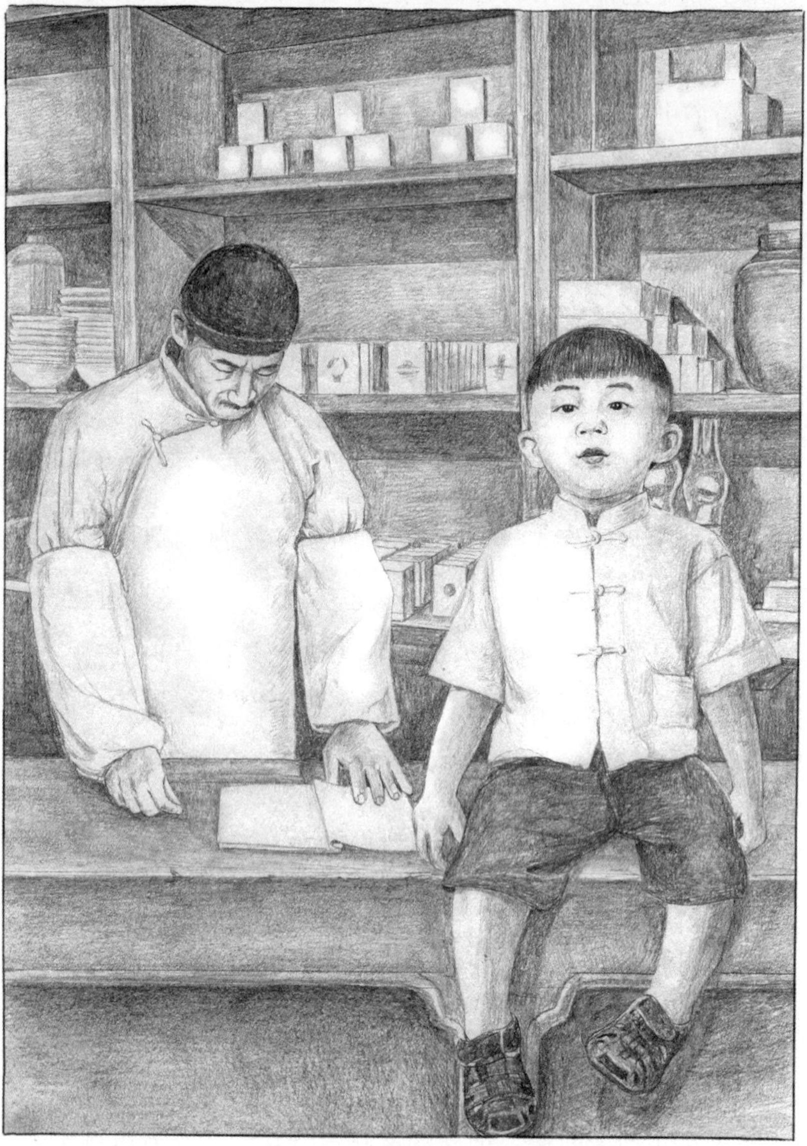

小罗庚很来情绪呵，有这么些大人瞧着呢，当众表演似的，于是噼噼啪啪地，账就算得更加快。儿子报出钱数后，华老祥不会再核对，就按小罗庚报出的数收钱。

一个小孩子，能算得这么准吗？

有些顾客不怎么相信。大人还有算错的时候呢，更何况孩子！而且，还是一个淘气得不得了的孩子！这个华老祥，想显示你儿子聪明，也不能做得太离谱，账就是钱啊，可不是闹着玩儿的。

因为都是街坊邻居老顾客，虽然有的心存怀疑，但又不便说出来。他们买完东西后，就有人并不走开，在店里慢慢地用心算。慢慢算出来的结果，真就和这个调皮小子算出的一分不差。

当然，也有的账比较复杂，用心算算不出来，顾客在那里心算就挺费劲。华老祥知道顾客的想法，也不说破，就拿过算盘："来，我再来一遍，小孩子，别给你算马虎了。"

"噼里啪啦！"华老祥一笔一笔细细算给顾客看，心里却说：别小瞧我儿子，算得准保没错。果然，华老祥算盘打完，得数和小罗庚算的完全一样。

这一下，顾客们领略了小罗庚的厉害。渐渐地，小镇上的人们都知道，华老祥那个整天在街上疯跑的儿子，算小账很神，大人都比不过呢！有人好奇，就专门借着买东西的机会来看小罗庚算账。

这样一来，小店的生意就兴隆多了。

三

大人们的惊奇和赞叹让小罗庚很有成就感。从此，他不再拿着棍子、大刀在街上追来追去了，而是常常托着算盘，在街上叭叭地拨。这一手很让小伙伴们震撼呵！玩算盘不比其他，别的孩子都做不来的。

这样一来，就有更多的孩子围着小罗庚转。后来，连过往的大人也凑过来，围着小罗庚看热闹。

有的大人想试试小罗庚，就故意出一些带小数点的数，一串串念出来让小罗庚算。对这些有点儿难度的算数题，小罗庚特别来情绪。他不慌不忙，沉稳应对，叭叭叭，算盘一响，结果很快出来。那大人再拿过来算一遍，果然毫无差错！

于是，镇上的人们便称华罗庚是"小算盘"。

没过多久，这个小算盘又神算到生意场上去了。

华老祥的"乾生泰"小杂货铺不仅卖些日常生活用品，也是个代销店，冬天卖棉花，夏天卖生丝。爸爸华老祥在小镇上也算得上是个经商人士。

这样，华老祥就需要出入生意场，和一些生意人打交道。

为了培养儿子，华老祥到乡下去联系收购棉花和蚕丝，与人家谈价格的时候，或者是生意人之间洽谈买卖，请客吃饭的时候，总要带着小罗庚，好让他见见世面，长点儿见识。

当然，带着这样一个聪明儿子，也让当爸爸的华老祥很自豪。

既然是生意场，就免不了和数字打交道。

谈生意的时候，大人们嘴里说到的数量、价格，要比"乾生泰"小店铺里买卖日常生活用品复杂得多、大宗得多。而这些谈生意的人物里，有的就是小镇上的商业精英，他们脑瓜灵活，精于算计，个个是算盘高手，在一般百姓眼里，也算是小镇上有头有脸有知识的人了。

最初，小罗庚出现在这里，在那些生意人看来，不过是一个跟着父亲来玩的孩子。华老祥疼儿子远近闻名，带宝贝儿子到这里来也是很自然的，他们都料想这皮小子一定坐不住，很快就会蹿到街上去玩了。

不想，小罗庚竟然很坐得住，并且十分用心地听大人们说话。

每当大人们谈起棉花、生丝的价格和数量这些数字时，他就两眼发亮，兴奋异常，默默在心里计算起来，还没等大人们弄明白，小罗庚就会突然把结果报出来。

一开始，听小罗庚报出得数，大人们并不当回事，以为是这个小孩子随便插嘴说着玩。见大人们不睬，小罗庚就会抬高嗓音，更大声地再报一遍得数，直到大人们停下讨论，注意看他，听他说话。

"唔？"就有大人拿过算盘来算。等大人们叭叭叭算完，一看结果，和这个小男孩算的丝毫不差！

于是众人惊异，很是羡慕华老祥，纷纷说："有这么一个聪明儿子，'乾生泰'后继有人了。"

再以后，只要华老祥带着儿子出现在生意场上，就省却了大人们计算，不管多么复杂、麻烦的数字计算，小罗庚张口就能说出得数来，从无半点儿差错。很快，金坛镇的生意场上，小华罗庚的名气就传开了。

第五章
上学记

转眼，小罗庚到了上学的年龄。

那个年代，并不是所有的孩子都能够上小学的。上学需要一大笔学费，只有家境富裕的孩子才有上学的机会。华罗庚的家境算不上富裕，爸爸华老祥经营的"乾生泰"小杂货店挣的钱，也就刚够维持一家人的生活。

这时的小罗庚经常穿补丁衣服，只有过年才能做一套新衣。家里的餐桌上，也顿顿是青菜、粗粮，妈妈给煮一颗鸡蛋，对小罗庚来说已经像过年一样开心了。

但是，爸爸华老祥一心一意要送儿子读书，哪怕全家人的生活过得苦些。毕竟，小罗庚是自己四十岁才得到的宝贝儿子，又是那么聪明！将来要出人头地，必须得让他读书。

爸爸送小罗庚去的学校叫仁劬小学。

仁劬小学与当时的私塾不同,是一所新学堂。新学堂受西方的影响,按照西方的规矩办学,数学、地理、自然等课程都当作主科。而私塾呢,主要是教四书五经、八股文,数学和自然知识也教一点儿,但是比新学堂教的浅得多。

爸爸华老祥是个精细人,他明白,儿子的天分在数学上,再说儿子将来要继承华家的生意,也是需要写写算算的。新学堂里,数学是主科,华老祥就给儿子选新学堂。当然,还有一个重要原因,就是新学堂的学费便宜一些。

送小罗庚去上学是华家的一件大事。

虽然家境不富裕,爸爸华老祥还是跑了一趟城里,为儿子买回来一个新书包。妈妈呢,也专为小罗庚做了一身新衣服。这身新衣服的布料不是小罗庚平常穿的自家织的粗布,而是妈妈到店里扯的面料,这种面料做成的衣服穿在身上,显得人又精神又帅气。

爸爸妈妈都觉得,日子过得再紧,也得叫儿子体体面面去上学,穿的用的都得讲究,不能叫同一个学堂的孩子比下去。

爸爸妈妈的良苦用心,小罗庚是知道的,他暗暗发誓要好好学，要做班上最好的学生，不然，怎么对得起爸爸妈妈，还有姐姐？为了让他上学，全家都要过一段苦日子呢。

九月开学这一天，小罗庚早早爬起来，背上新书包，穿上新衣服，不停地在院子里走来走去，兴奋得饭都吃不下。要不是爸爸华老祥喊住他，说要和他一起去学校，他早就忙不颠地跑走了。

那所仁劬小学小罗庚知道，在城东，一片绿树簇拥的山坡上。

自打爸爸决定送他上学起，小罗庚就经常到那个地方转一转，听听里面的读书声，望一望那里走出来的孩子，心里美美地想：等着吧，等到九月开学，我就是这个学校里的一员了。

总算等华老祥吃完了饭，小罗庚便迫不及待地蹦出门槛。嗨，上学去啦！谁知妈妈又追出来，也要陪他一起去学堂。这让小罗庚很扫兴：妈妈是缠过脚的，根本走不快，什么时候才能挪到学校？但是妈妈非要跟去，爸爸也同意妈妈一起去。毕竟，送儿子上学，这是华家的一件大事！

一路上，兴奋的小罗庚蹦蹦跳跳，恨不能立马蹿到学校，却不能走快。

因为，妈妈会不时地拽拽小罗庚的衣服，抻抻他的书包，摸摸他的头发。而爸爸呢，则不停地嘱咐："到了新学堂后，要听老师的话，要努力学习，要争取考试第一。千万不能贪玩，不守纪律……"

这些话，爸爸妈妈之前已经说过许多遍，小罗庚都能背下来了。他觉得爸爸妈妈实在是有点儿过于唠叨，自己又不是小孩子了，怎么能不好好学呢？

仁劬小学到了。走进学校的大门，小罗庚一下子感觉新鲜得不得了，禁不住喊起来："呵，这个学校好大！"

当然，这是小罗庚那个时候的感觉。与若干年后他到过的清华园，到过的世界上许多著名的大学相比，这所小学校的确又是微不足道的。不过，对于当时在街上跑惯了的小罗庚来说，一脚踏进这所学校里，就觉得非常好了。

两百多人的大学校呢！

你看，校园里有一溜十几间坐北朝南的青砖瓦屋，有一个不算大的操场，操场边有两排高高的白杨树……教室东头的一棵老树上，挂了一座铁铸的大钟。就连从办公室里走出来的老师，不管是男还是女，他们的穿着打扮，也跟小镇上的人们看上去不一样呢。

小罗庚一进到这个新环境里，就撒欢儿跑开了，完全忘了学校大门口的妈妈和爸爸华老祥。

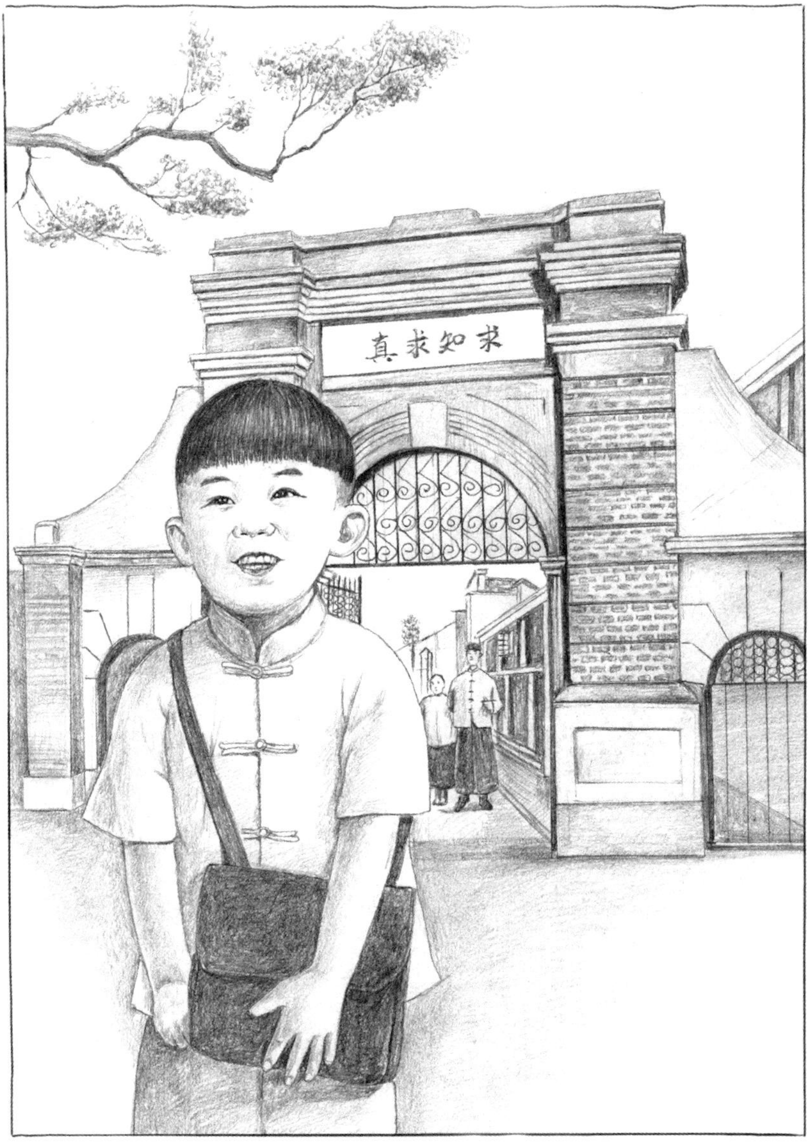
求知求真

望着儿子欢蹦乱跳的身影,华老祥心下欢喜,但也有点儿担忧:小罗庚是个淘气小子,这里又有这么多同龄的男生小伙伴,可千万不要……

一开始,小罗庚每天回到家里都要叨叨一些学校里的新鲜事:班里有多少孩子呀;老师都是哪几个,他们讲课都有些什么特点;他和哪一个同学坐长条板凳;今天校长站在高台子上讲话了,都讲的是什么……

家里虽然顿顿都是粗茶淡饭,但听小罗庚开心地讲学校里的人和事,一家人吃饭都觉得香甜。

渐渐地,小罗庚不怎么说学校了,因为,他的新鲜劲儿过去了,不满多起来,尤其是对数学课!

本来,数学是小罗庚最喜欢的课,但是,老师讲得太浅、太简单。

你想,小罗庚两年前就学会了数学和算盘,再听老师一遍一遍地从头讲起,是不是很没劲?于是,轮到上数学课的时候,小罗庚就开始打呵欠,开始坐不住,跟旁边的同学说话,在课堂上玩小玩意儿。

嗯,这个男生很不守纪律呢。数学老师注意到了小罗庚,对他的行为很不满意,常常点名批评他,想让他上课能够安分一点儿。

像许多孩子一样，老师越表扬，小罗庚就做得越好；老师越批评，小罗庚就越感觉没劲。更何况，老师讲的数学一点儿都吸引不了他。

见批评改变不了小罗庚，老师又换了一种方式。

那就是当小罗庚上课和别人说话或者没有听讲的时候，老师就会故意出一道比较难的数学题让他答。答不上，就罚站，叫小罗庚难堪一下。老师想，没准这样刺激他几次，他就知道上课听讲的重要性了。

可是这个方法也不灵，有时候，竟然搞得老师自己挺难堪。

因为，数学老师每出一个题目，总是刚一出口，小罗庚就把答案说出来了，而且准确无误。这让老师非常惊讶，心下奇怪，这孩子也没好好听课，怎么就会了呢？这样几次试下来，都难不住小罗庚，老师就不再用这种方法了。

但老师还是要批评小罗庚的，不然，这个孩子上数学课时就更没有规矩了。老师说他："会这点儿题就骄傲，不过是小聪明。"

"那什么是大聪明呢？"小罗庚在下面嘟囔。老师不予理睬。这个孩子比较难缠，一时又摆不平他，随他去好了。

其实，小罗庚是很想好好学数学的。因为爸爸天天都叮嘱他:"要听话,要好好学习……"妈妈和姐姐为了他上学,舍不得吃舍不得穿的,自己再不好好学,也太对不住他们了。

但是,数学老师讲的实在是小儿科,这让小罗庚怎么坐得住,听得进?傻瓜才对听了一遍又一遍、早就明白的事那么感兴趣呢!因此,尽管小罗庚努力想让自己好好学习,但一上数学课,小罗庚还是会精力分散,屁股痒痒,眼睛不自觉地往外看。

哇,外面的光景实在诱人。

山、水、绿树、草丛,不时飞过的蚱蜢,还有藏在树林中的小鸟吱吱的叫声,好像有意吸引小罗庚似的。这一切,都比老师讲的数学有趣多了,于是,小罗庚就开始逃学了。

他溜到山上捉蚂蚱,逮昆虫,采野果,放学的时候,再若无其事地回到家里。当然,不能让爸爸华老祥知道。

但是后来,华老祥还是知道了。你一定以为是数学老师告的状吧?其实,还真不是数学老师。

对于华罗庚的逃学,数学老师一开始也是不高兴的。但是,与其强迫这个孩子坐在教室里玩,影响其他孩子听课,倒不如他不在课堂,反正讲的内容这孩子已经会了。于是,数学老师就对他的逃学睁一只眼闭一只眼。

这样一来,效果不错。再到后来,有一些课堂数学测验

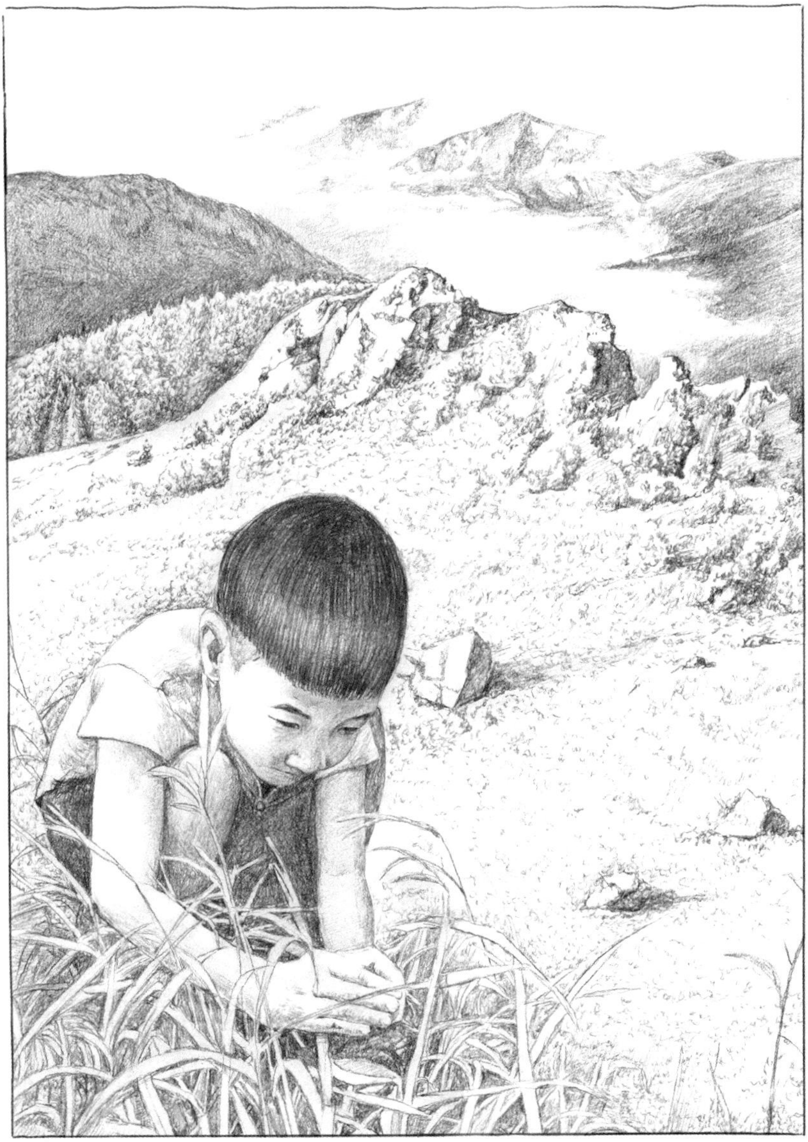

的时候，老师干脆对华罗庚说："题太简单了，你玩去吧。"

大家乖乖地坐在教室里上课，华罗庚却可以到后山玩，这让几个小男生很羡慕！他们在教室里也待不住，便悄悄追随着华罗庚，也开始逃学。而这几个男生，本来数学就不够好，再一逃学，考试成绩就一塌糊涂了。

他们的家长知道了，认为是这个叫华罗庚的孩子影响了他们孩子的数学成绩，就一起找到华老祥，把小罗庚逃学的事告了一状。

华老祥听了十分生气，当初担心的事情果然发生了！

爸爸狠狠地把小罗庚责骂了一顿，妈妈也批评小罗庚太不懂事，家里供他上学多不容易啊！小罗庚知道自己错了，以后，不管数学老师讲课多没劲，他也不再逃学了。

第六章
老师不喜欢的学生

上小学时，小罗庚是个不被老师喜欢的学生。

因为老师发现这个孩子有些呆。尽管小罗庚的个子高高的，长得浓眉大眼、白白净净的，打眼看上去，是个挺帅的小男生；但是，他个子高，动作却有些迟缓；眼睛大，眼神却不够有灵气，平常话也少得可怜，人显得闷头闷脑的。

比如，在校园里见到老师，聪明伶俐的学生一般都会嘴巴甜甜地问候："老师早。"或者给老师送上一脸灿烂的笑。

可是，华罗庚的反应常常慢半拍，有时候与老师迎面走，明明瞪着眼睛看到老师了，但那表情就像没看见一样，不知道脑子里正在想什么。这样，就显得对老师不够礼貌。

平常呢，乖巧的学生一般都喜欢围着老师转，向老师请教问题或者揣摩老师的心思，看能帮老师做点儿什么。这样的孩子，给人的感觉有灵气，就讨人喜欢。

但是华罗庚不会这样，他总是躲得老师远远的。

上课的时候，老师提问，学习好的孩子都抢着回答，华罗庚从不抢答。老师觉得这个孩子显然是不会嘛，就点名让他回答。被点到名的华罗庚有点儿木木的，反应比较迟钝，嘴巴也不够利索，别人两三句能说清楚的问题，他三五句也说不清楚。

当然，数学课除外。

还有写字。刚上学的小学生，写字是最基本的学习内容，练写字不是什么太难的事，只要你肯下功夫，又不是太笨，都能把字写得挺工整、挺好看。但是华罗庚的字，一直都写得丑。老师讽刺他的字：像蟹子爬一样。

当老师的，都喜欢聪明的孩子。看上去笨头鹅一样的华罗庚，就不讨老师的喜欢。有的老师私下里议论说："华老祥这个宝贝儿子，空长了一个大个子。三岁看到老，这都八九岁了还呆头呆脑的，将来不会有出息。"

尤其不喜欢华罗庚的，是语文老师。这是因为，华罗庚不喜欢上语文课。

一到上语文课，华罗庚就有些坐不住。一会儿做小动作，一会儿看着窗外走神。老师提问他，得大声吼他的名字，否则，就不能把华罗庚游走了的魂扯回来。魂被吼回来了，却不知道老师刚刚讲的是什么，因此，华罗庚常常被老师"挂"在黑板上。

最让语文老师烦的，是华罗庚的作业，字写得乱七八糟的，老师得仔细分辨，才能看清他写的是什么。因此，华罗庚的语文成绩，总是在60分上下打转悠。

数学老师也不怎么喜欢华罗庚。尽管，华罗庚的数学一考就是100分。

但是，像上语文课一样，华罗庚上数学课时也不好好听讲，数学老师也想把他"挂"在黑板上，只是挂不了——不管提什么问题，都难不住这个呆头呆脑的小子。老师就说："不过早学了两年罢了，小聪明。"还有华罗庚的数学作业，虽然没有错，但是字写得很难看，还经常在上面涂改，这样改得乱七八糟的作业，明显是对老师不尊重嘛。

在小学阶段，语文和数学是最主要的课程，这两门课的老师都不怎么喜欢华罗庚，华罗庚的日子就不好过。

班上的同学们是很会观察老师的表情的。如果老师们非常喜欢某个孩子,大家就都会看重他;如果老师们不喜欢某个孩子,大家就会轻视他。华罗庚不被语文和数学老师喜欢,同学们就瞧不起他,给他起了个绰号——罗呆子。

"罗呆子、罗呆子"给同学们叫来叫去,这绰号就传到华老祥的耳朵里。自己的宝贝儿子被说呆,这让华老祥心里很不是滋味。哪个当家长的不希望自己的孩子聪明?

华老祥来到学校,比较委婉地向老师打听儿子的情况。老师毕竟是老师,没有像学生那样说华罗庚呆,但是,他们的言辞和表情告诉华老祥:这不是个有出息的孩子。

华老祥老来得子,原本指望儿子光宗耀祖呢,不想宝贝儿子除了调皮,就是呆。这让华老祥很失望。

华罗庚上小学时,不被老师喜欢,后来到了中学,老师也不喜欢他。

中学老师不喜欢华罗庚,不仅因为他有些呆,还因为这个学生倔,不会讨好老师也罢,有时竟然和老师对着来,这简直是大逆不道!

语文老师尤其不喜欢华罗庚。

这位老师出身书香门第,是前清的秀才,在当地还是很有些名气的。他颇为清高,一般的人瞧不起,但是对胡适却崇拜得五体投地。

胡适在当时可是赫赫有名的大人物，北大教授、留美博士、大文学家、新文化运动的重要人物，头顶上有一大串社会名流头衔。语文老师崇拜他，也是很自然的。

上课的时候，这位胡适的崇拜者动不动就把他的偶像搬出来，十分陶醉地大讲特讲一通。

有一次，语文老师把自己收藏的胡适的书籍分发给学生，叫每个人看后写一篇读后感。华罗庚分到一本《尝试集》。

这本书，胡适认为是白话文的奠基作品，是成功的"尝试"，很有几分自鸣得意。胡适在序文中写道：

"尝试成功自古无"，
放翁这话未必是。
我今为下一转语：
"自古成功在尝试。"

华罗庚读了以后，心想：陆放翁说的意思是一尝试就成功，自古以来是没有的；胡适说的意思是试了又试能成功。这两个不同的概念都是有道理的，胡适却拿他自己的概念，随便否定别人的概念，不够意思。

于是，华罗庚在作业中写道：胡适序诗逻辑混乱，不堪卒读。

而其他同学的作业，都依老师的意思，拣赞美的词句，把胡适的书大大夸赞了一番。

作业交到老师那里，当这位胡适的崇拜者看到华罗庚的作业时，立马恼怒，心想：一个初中生，竟然敢批评大名鼎鼎的胡适先生，简直是狂妄至极！随即大笔一挥，在华罗庚的作业上写下了"懒人懒话"四个大字。

从此，语文老师便把华罗庚列入"差生"名录，不屑一顾了。

直到十二年之后，语文老师才改变了看法。

1946年，华罗庚回到了家乡金坛。此时，华罗庚已经成为大学教授，在世界数学领域颇有名气了。有一天，这位老学究见到了华罗庚，他一反当年的态度，奉承华罗庚说：

"我早就看出你的文章独创一格，颇有见地！"

上初中一年级的时候，数学老师也不喜欢华罗庚。尽管，华罗庚很喜欢上数学课。

华罗庚作业本上的字写得丑，又经常涂改，搞得作业乱七八糟的，给老师留下的印象就不好。再看这学生长的模样，也不是个聪明样子，老师就更加轻视他了。

当然，最让老师烦的，还是这个学生别扭。

有一天，数学老师发考试卷子，他先发他认为是好学生的卷子，然后发中等生的，最后，他才发他认为是成绩最差的，华罗庚是最后一个。发到华罗庚时，数学老师把脸一沉，厉声喊道："华罗庚！"

华罗庚站起来。

"你为什么答错了？"

华罗庚很奇怪，自己没有答错啊！

原来，华罗庚用的是他自己创造的解题方法，和书本上的计算方法不一样，得出的结果却是一样的。但是，这位数学老师不以为然，认为华罗庚是大逆不道，狠狠地教训了他一通。

华罗庚不服，说："老师，我这样做是有道理的！"

数学老师很生气："你还有理由，你上来讲！"

华罗庚走上讲台，一面在黑板上写，一面讲自己创造的解题方法，一步一步，推算得清清楚楚，连同学们都认为他解得有道理。

但是，这位不允许创造的数学老师依然说华罗庚的解法不对，是耍小聪明，有意别出心裁，显示自己能耐，非要求华罗庚按照他教的方法去做。

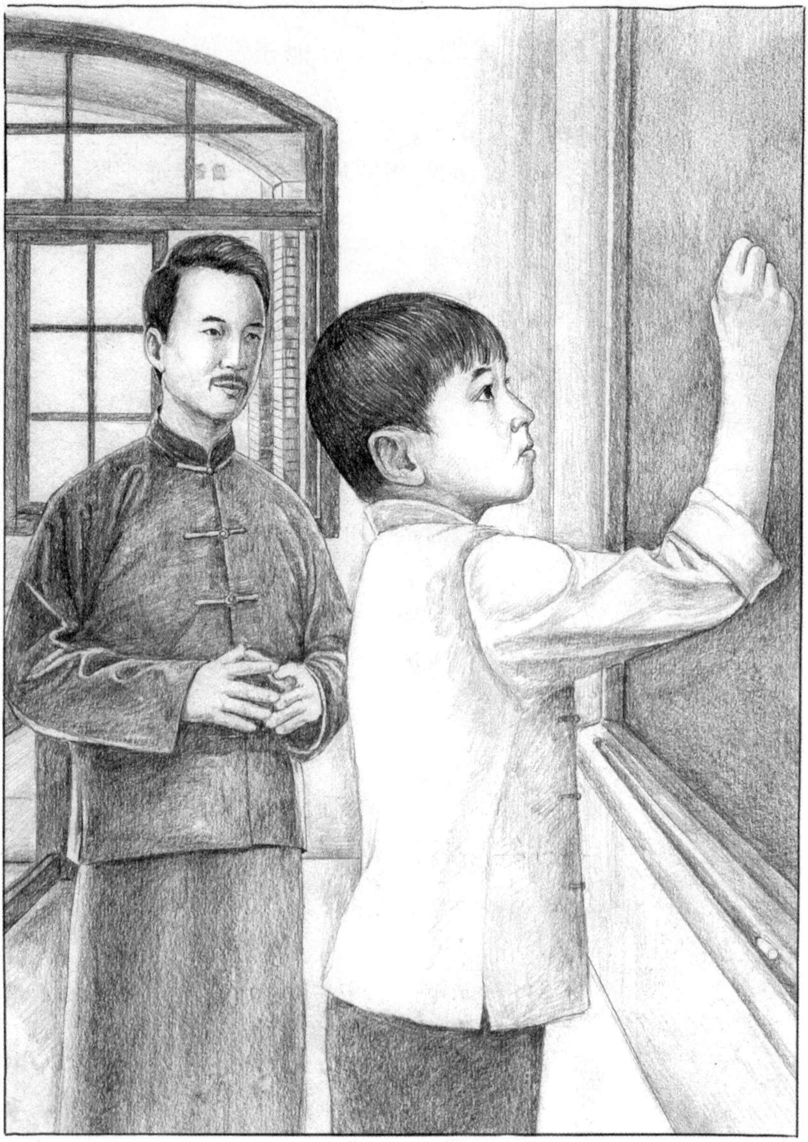

这样，从小学到中学，在一般老师的眼里，华罗庚这孩子各方面都平平常常，人有点儿呆，有些不知天高地厚，总而言之，不像是将来能有出息的样子。

但是到了初二，有一位老师发现了华罗庚。他认定这个孩子非同一般，在数学方面极有天赋！就像一块金子，被深深地埋在沙土里。他为自己的发现而感到欣喜。

这位老师是谁呢？

第七章
笨蛋，还是天才

华罗庚所在的中学叫金坛中学。这是一所新成立的初级中学，就设在金坛镇。华罗庚是这所学校招收的第一届学生，班里只有八个人。

初中第一年，华罗庚很不适应。

小学玩着就能考第一的数学，现在玩不转了。因为，初中要学代数和几何，比小学数学难了许多，这让华罗庚学起来挺吃力。数学老师又不怎么喜欢他，常常奚落他，不给他好脸色，有时还故意出些难题让他做，使他难堪。

遇到这样的老师，华罗庚学起来很没劲，数学成绩常在六十分上下打转转，有一次竟然还考了不及格，这让他很有挫败感。

升入初二的时候，新来了一位数学老师。

这位老师叫王维克，二十出头，热情开朗，一走进教室，就像一缕阳光照进来，同学们都眼睛一亮：哗！

王维克老师虽然年轻，却很不寻常，让我们来看看他的经历：

早年，王维克进入南京河海工程学校（现在的河海大学）学习，和张闻天是同班同学，因为参加过五四运动，被学校开除学籍。后来进入上海大同大学学习数理，毕业后又转入复旦大学专攻法语。1925年赴法国留学，进入巴黎大学攻读数理与天文，成为居里夫人的学生。

人生的际遇，有时非常偶然。被这偶然一撞到，你的一生就有可能被改变。

有着非凡经历的王维克老师博览群书，文理皆通，兴趣广泛，对天文也颇有研究。这样一个老师的到来，真是华罗庚的人生幸事。

王维克老师是金坛人，虽然多年在外求学，但一直惦记着故乡。在去法国留学之前，他回到金坛，到金坛中学应聘，当了一名老师。

王维克到来后向老师们打听："学校里有哪些不错的学

生？"

一个老师轻蔑地说："没有。好学生都上省立中学去了，留在这里的，都是鲁蛋。"

鲁蛋，是当地的方言，就是笨蛋的意思。

"是吗？"

王维克老师并没有轻信。他望着窗外，操场上，有几个学生正在打篮球，跑起来个个生龙活虎的。难道，这些人里就没有可造之才？王维克决定用自己的眼睛去判断他们。

仿佛是有一种感应，王维克到来后，华罗庚立马就喜欢上了这个老师。他觉得，这个老师对学生特别经心，不但数学课讲得生动精彩、通俗易懂，还总是微笑着对待学生，从不训斥他们。

而王维克老师也发现，学生的情况并不像那位老师说的，都是笨蛋。

比如这个叫华罗庚的男生，他上课时眼睛亮亮的，听讲那么认真，显然是听进去了，并且对数学很有兴趣。下课的时候，这个学生又经常找过来，跟老师探讨一些问题。如果是笨蛋，他半个问题也提不出的。

直觉告诉王维克老师：这个叫华罗庚的学生，很有数学潜力。

首先让王维克关注的，是华罗庚的数学作业。

猛一看上去，作业并不理想，字写得难看不说，还涂改了不少。但王维克老师是个仔细的人，他心想：这个学生为什么总是涂改作业呢？

他仔细辨认那些涂改过的地方，原来，大都是华罗庚的演算过程。让王维克惊异的是，有的计算过程和他在课堂上讲的并不一样，但得数却是正确的。

嗯，这个学生不一般，兴许很有数学天赋呢！王维克暗想。

之后，王维克就更加注意这个不声不响，看上去不算聪明的学生。很快，王维克老师又有了更令人惊讶的发现。

为了活跃课堂气氛，王维克经常出一些课本之外的、有趣又有一定难度的题，让学生动脑筋思考。这一招也是华罗庚最感兴趣的，面对难题，他总是跃跃欲试，抢在别的同学前面算出答案。

有一次，王维克老师给学生们出了一道这样的题：

"今有物不知其数，三三数之剩二，五五数之剩三，七七数之剩二，问物几何？"

王维克在解释这道题的时候，语速缓慢，声音抑扬顿挫："这道题的意思就是，这堆东西不知道有多少个，三个三个地数余两个,五个五个地数余三个,七个七个地数余两个,问这堆东西一共有多少个?"

学生们听完,都紧张地思索起来。王老师的目光扫向全班同学,见到的是一张张疑惑不解的面孔。

这很正常。

因为,这是一道中国古代数学史上有名的难题,被称作"物不知其数"。

这道题乍一看比较简单,其实不知耗尽了多少人的智慧,也不知锻炼了多少数学家的头脑。

这一历史名题让初中二年级的学生来做,那是根本不可能得出结果的。王维克之所以拿到课堂上讲,不过是想让学生开阔一下眼界,领略一下数学的奥妙,根本就没有指望学生能够解出来。

突然,华罗庚答道:"二十三个!"

王维克十分震惊。

"这堆东西一共有二十三个。"见王维克老师盯住他,半天不吭声,华罗庚又清楚地重复了一遍。

这么快就解出了这道历史难道,让王维克老师一时难以置信:会不会是蒙的呢?因为这道题应该用"余式定理"才能解出来,而"余式定理"初二课程是没有讲到的。

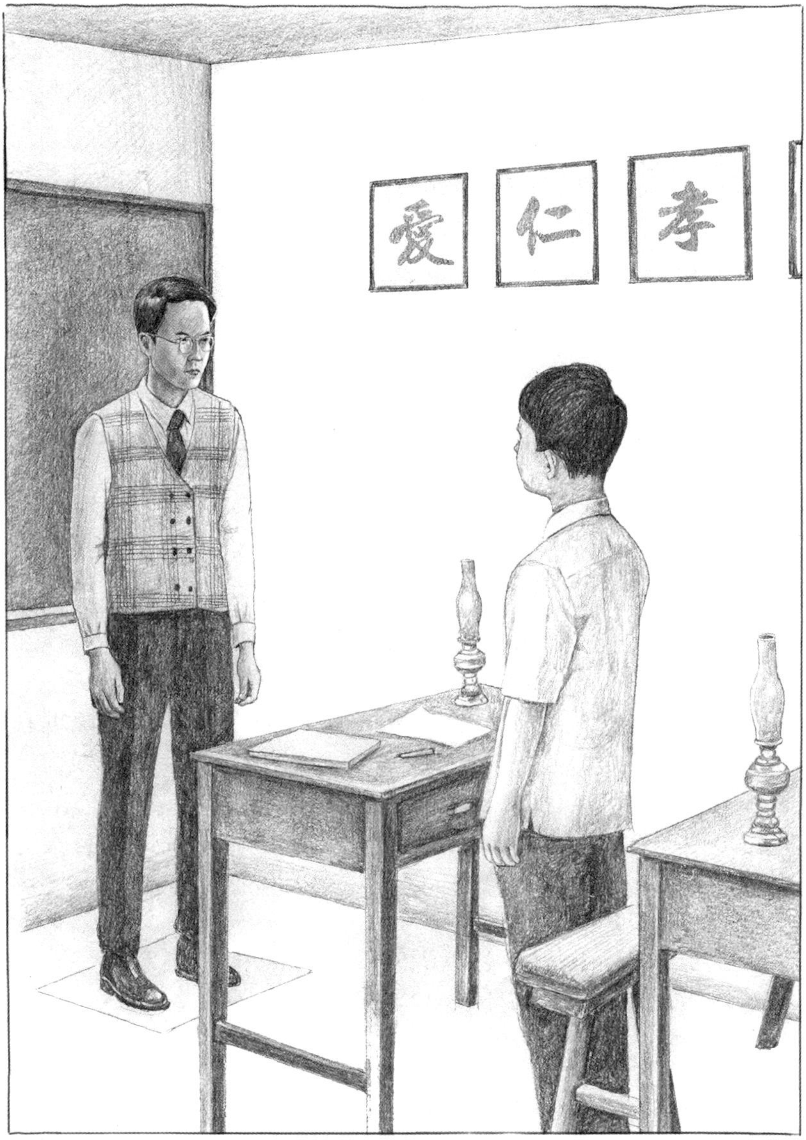
爱
仁
孝

也许，这个学生知道"余式定理"？

"你看过《孙子算经》①吗？"王维克问。"余式定理"是《孙子算经》里讲到的方法。

华罗庚摇摇头，他从未看过这本书，也没有听说过"余式定理"。

王维克惊奇地问华罗庚是如何计算的。

华罗庚说："我想，三个三个地数余两个，七个七个地数余两个，余数都是二，因此，它的公式可能是：$3 \times 7+2=23$，用五除恰余三，那么二十三就是所求的数了。"

王维克老师一听：这正是"余式定理"的直接运用呵。于是，他又出了几道"余式定理"解法的题，让华罗庚当场算，华罗庚都准确地解答出来了。

至此，王维克老师已经深信，站在他眼前的是一块埋在土里的金子，这个学生在数学方面很有潜力和天赋呢！在家乡的小镇上，在仅有八个学生的班级里，能发现这样有天分的学生，王维克大为惊喜。

他决定，一定要好好培养这个学生。他为华罗庚量身打

---

①《孙子算经》：成书于四五世纪，作者生平和编写年代都不清楚。现在传本的《孙子算经》共三卷。卷上叙述算筹记数的纵横相间制度和筹算乘除法则，卷中举例说明筹算分数算法和筹算开平方法。

造，个别指导，以保证这个学生的才智得到充分发展。

"你不必考试了。考别人的那些题，不值得你做；考你的，别人又做不出来，终归你是第一。"王维克老师对华罗庚说。他允许华罗庚不上数学课，不参加考试，成绩仍给满分。

这以后，王维克老师就像一块磁石吸引着华罗庚。原先那个逃学的调皮小子再也不见了，一有空，华罗庚就往王维克的房间里去。

王维克老师的房间不大，除了一张书桌、一张床铺外，几乎全被书籍占满了。这里不仅有数学书，还有外文书、文学书、天文地理书。

华罗庚明白了，王维克老师为什么知识那么渊博，讲课那么生动有趣，对他这样的穷孩子那么爱惜，是读这些书读出来的！从此，华罗庚常常和他由衷敬佩的老师一起挑灯夜读。

日子一天天过去，在王维克老师这里，华罗庚不仅读了大量的书，也学到了老师的钻研精神。这样难得的老师，这种特殊的教法，让华罗庚如虎添翼，不断创造神奇。

冬去春来，当同学们还在初中数学里转悠的时候，华罗庚已经拿下了高中数学。

"老师，再让我学更深、更有难度的知识吧。"华罗庚又提出要求。

王维克老师欣赏地拍拍华罗庚，借给了他一本高等学校的数学教材，这是一本美国人写的微积分教材。王维克指导这个初中生开始向高等数学进军了。

出乎王维克的意料，不到半个月，华罗庚就把这本书还回来了。

"数学这门课一环扣一环，是最有步骤的，你可不能跳着看呵。"王维克老师一面翻书，一面提醒华罗庚。

"都仔细读过了，老师。我还发现书中有几处印误的地方。"华罗庚一一翻到标出的印误之处，指给王维克看。

王维克老师认真看了，不住地点头称是，又对华罗庚说："来，我提几个问题问问你。"说罢，便出了几道书中有一定难度的问题，让华罗庚解答。

没想到，华罗庚竟对答如流。

王维克老师听了，暗暗称奇。他兴奋地看着华罗庚，为发现这样一个天才学生而欣喜，并决定指导华罗庚学习做论文，培养他的研究能力。

在华罗庚成名之后，有人问他："你是怎样爱上数学的呢？"华罗庚回答说："这与金坛中学的数学老师王维克有很大关系。"

第八章
"呆子"看"天书"

1925年,华罗庚以优异的成绩初中毕业了。

以他的聪明才智,本是要继续念高中的,但是,爸爸华老祥无力再供他升高中了,华罗庚只得去读上海中华职业学校。这里毕竟学费少许多,将来也能找个会计工作,养家糊口不成问题。

然而,就连这所学校一学期需要交的五十元学费,家里最终也拿不出了。离毕业还有半年,华罗庚不得不中途辍学。

十六岁那年,华罗庚回到金坛,开始帮助父亲料理"乾生泰"小杂货店。

一

这才几年时间，小镇上的人们发现，当年那个骑在柜台上的调皮小子，全然换了一副模样。虽然个子高大，模样俊朗，举止斯文了许多，但是斯文得过了头，人有点儿傻呆呆的。因为呆，就闹出了许多笑话。

按说，顾客是上帝，华罗庚在小店铺里卖货，得笑脸招呼顾客才是。然而，到"乾生泰"小店来买货，常常是顾客招呼华罗庚。

因为，华罗庚总是俯在柜台上读书，样子很痴迷，还一边读，一边弄几张包棉花的草纸，在上面写呀算的。心思都用在那本书和写写算算上了，怎么知道有客人进来？所以，常常是顾客进来，在华罗庚面前站上一会儿，见他没有觉察到，客人只好先招呼他。

被顾客一招呼，华罗庚就打一愣，得迷瞪几秒钟，才能反应过来，那眼神看人懵懵的，还没从书中回过劲儿来呢。

这样反应迟钝，心不在焉，就难免出差错。

顾客说买一包烟，有时华罗庚得反复问几遍："什么？"好像他的耳朵有毛病。或者，顾客说要一盒火柴，他会拿几支香递给顾客，弄得顾客哭笑不得。

乾生泰雜貨鋪

有时候顾客给华罗庚整钱，买了一件小东西需要他找钱，华罗庚却以为没事了，又回到柜台上去看他的书。顾客不得不提醒他，把找钱的事说说清楚。华罗庚这才说一声"对不起"，忙把钱找给人家。

当然，多找给顾客钱的时候也是有的。好在，顾客大都是街坊邻居老熟人，一般不会把多找的钱藏下，就笑一笑又退回给华罗庚。

有一则笑话，至今都在金坛流传。

那是临近中秋的一天，外面下着细雨，有一个顾客冒着雨走了进来。"吱——"开门声挺大，但是，华罗庚竟然没有听到，依然俯在柜台上写写算算。

那个顾客对他说："我买两支线。"

华罗庚愣是没有听见，还沉浸在他的数学世界里。那个顾客只得敲敲柜台，华罗庚这才猛一下抬起头，如梦初醒，傻傻地望着对方。

那顾客又说了一遍："我买两支线。"

华罗庚立马脱口而出："835729。"

顾客听了吓一跳，心想：天文数字呵，难道华家这个小店铺，卖的是金线吗？"什么！"顾客非常吃惊地一问。华罗庚这才懵懵懂懂地缓过劲儿来，原来，他是把刚刚演算出来的数，报给了顾客。

"这孩子是不是有毛病啊？"看着华罗庚长大的邻居们七嘴八舌地说。

是呵，这孩子小时候调皮着呢，也聪明得很，欢蹦乱跳的，怎么长大了呆头呆脑？定是读书读的。于是，人们便对柜台上那几本令华罗庚痴迷的薄薄的小册子心生怀疑。

有人凑过去看一看，看过后摇摇头："看不懂，全是符号，这玩意儿有什么好看的？"

的确，在一般人看来，这几本书没有什么好看的。

这是几本高等数学教材，是王维克老师去法国留学前，专门送给华罗庚的。一本《解析几何》，一本《微积分》，一本《大代数》，这几本书华罗庚视若珍宝，因为在这个小镇上，根本就借不到这类高等数学书。

小镇上的人能够识文断字，又能计算个加减乘除，已经算是顶破天了，这样的高等数学，听都没听说过，当然看不懂。因为看不懂，人们便把这几本书叫作"天书"。

的确是天书呢，不然，这么薄薄的几本书，怎么会让这个孩子总也看不完？

人们议论着："书哪有看不完的？总让这孩子这么没完没了地傻看呆算，这书就不对劲儿。你看，把原先好好的、活蹦乱跳的一个孩子，硬给看成傻瓜了呢！"

从这以后，人们便叫华罗庚"罗呆子"。

二

渐渐地，镇上的人们发现，这几本书不仅把华罗庚看得呆头呆脑，而且神经都不大正常了。

金坛镇坐落在运河边上，华老祥的"乾生泰"小杂货店就挨着运河。

隔着河，对面是一家布店。布店里的人看到华罗庚经常坐在那间屋子里的桌子旁，目不斜视地看书，手上还拿笔涂写。河内船只往来，人声嘈杂，华罗庚就像没听到。

日子久了，这家布店的人还以为华罗庚患有痴呆病呢。

河对面还有一家豆腐店。下半夜天还黑着，豆腐店的人就要早早起来磨豆腐。这时候，他们就会发现河那边"乾生泰"店里已经亮起了油灯，华罗庚正在灯下看书呢。到天蒙蒙亮的时候，华罗庚就会熄了灯，坐到河边，就着太阳快露脸时微弱的光亮，继续看书。

天天如此，这孩子不困吗？豆腐店的人也觉得华老祥的儿子不对劲儿。

转眼到了冬天。

很少见到雪的江苏，这年也下起了大雪。小镇上寒气袭人。西北风凄厉地吹着，家家都关门闭户。镇上的小店铺也都纷纷挡上了遮风的帘子或者带严了门。

人们惊疑地发现，华老祥的"乾生泰"小杂货店还大开着门。

风越吹越劲，雪也越下越大，风雪在小镇上游荡着，正找不到安身处，这一下都灌到了华老祥的小店铺里。有人从店门口过，见华罗庚正在那里埋头看书，头上顶了薄薄的雪花，柜台前也刮进了积雪，他却浑然不觉。

这么冷的天，敞开着店门，屋里定是冰窟一样了。

有人好奇，就进到小店里来看一看。嚄，华罗庚竟然一点儿也不嫌冷，坐在那里呆头呆脑地看书，不知暖暖手，也不知跺跺脚，清鼻涕流到嘴边，擤一把，在柜台上蹭一蹭，再继续看书。手都冻烂了，还手指僵硬地握住笔，在那里写写算算的。

这本"天书"莫非能叫华罗庚取暖？

小镇的晚上，早早就漆黑一片。那时候没有电灯，人们都点油灯，这种灯有一盏小小的灯碗，碗里盛上菜籽油，用根棉花绳，一头放在灯碗里，另一头从碗边探出来，点着。点这种灯，灯火只有黄豆粒那么大，鬼火一样的。

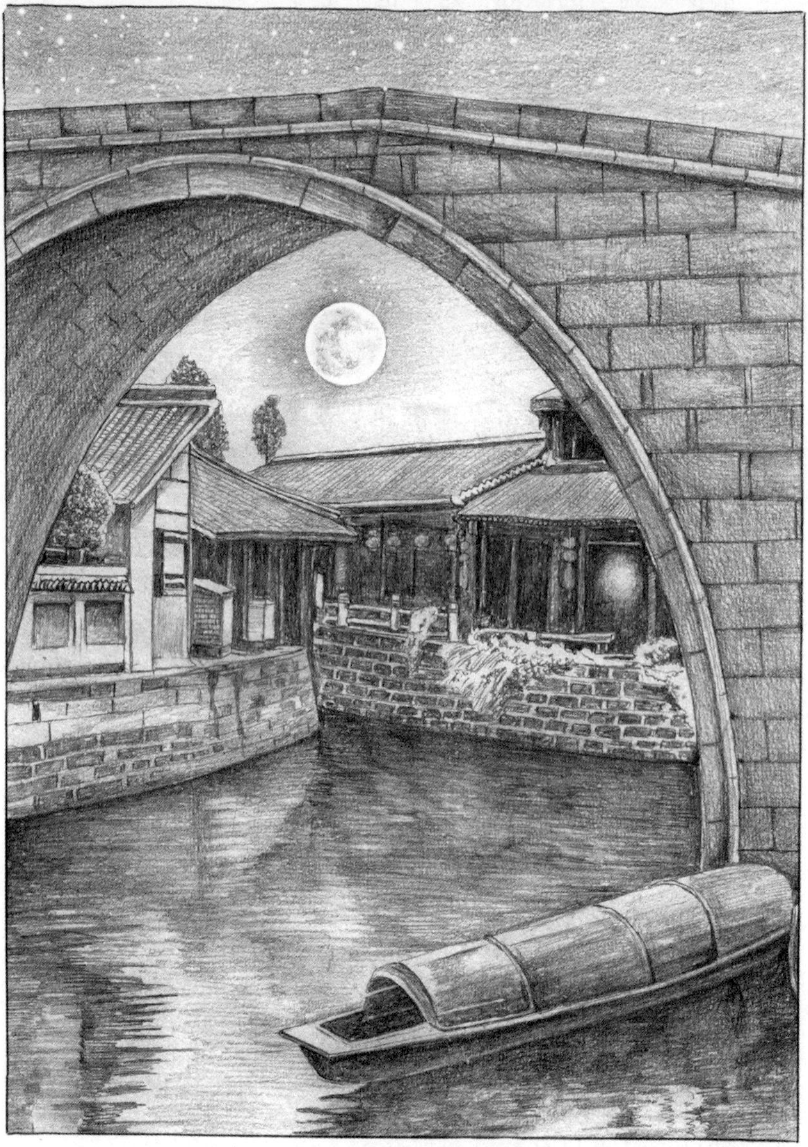

即便是这种简陋的油灯,也不能尽情点,灯油是要花钱的。为了节省灯油,人们一般都睡得早。但是华老祥家的小杂货店却是半宿半宿地亮着灯,在四周漆黑的夜里,那一点点光亮就特别的显眼。

"肯定是华老祥那儿子在看天书!什么书呵,白天一天看不够,还要点灯熬油地夜里看?华家也不宽裕,成宿地这么耗油,那还了得?"人们议论道。

华老祥是个精细人,家里的灯油迅速减少,他怎么能发现不了?

小小的菜油灯,点的可是钱呵!华老祥又气又急,就和华罗庚吵闹。妈妈虽一向心疼儿子,这时也苦口婆心地劝说:"罗罗呀,我们是穿木裙子(指柜台)的命,不是书香门第的斯文人。你还是省些灯油,顾顾吃饭的事吧!"

华老祥为灯油的事大吵大闹了几天,管用,小店里不再半夜有灯亮了。但是过不了许久,人们发现,小店里半夜又亮起了微弱的灯光。

这真是没有办法的事。华老祥心疼灯油,更心疼儿子。就由他去吧,谁让自己没本事供儿子读书呢!

三

由于华罗庚痴迷"天书",不好好地招呼顾客,"乾生泰"小杂货店的生意越来越冷清,常常是一天没有几个顾客光临。而华罗庚的外号"罗呆子"却越叫越响,镇上有的小孩子就直接叫到了华罗庚的柜台前。

华罗庚听了,没感觉似的。但是,华老祥听了却很不是滋味,他决定跟儿子好好谈一谈。

"什么人什么命,命里注定咱不是读书人,就别再看'天书'了行吗?读那些书,能当吃,还是能当喝,对咱这小店铺有什么用呢?"华老祥说这些的时候,非常激动。他一激动,就气恼地抢过华罗庚手里的书,一把扯成两半,要往火炉里扔。

华罗庚急了,忙拽住爸爸的手,跪在地上苦苦哀求,直到保证以后再也不读"天书"了,华老祥才放过这本书。

可是父子的这番谈话,对华罗庚起的作用只有几天。几天以后,鬼使神差地,华罗庚又回到了书本里。几天不得看书,让他再拿起书来,看得更加如饥似渴,不能自制,竟到了走火入魔的程度。

众目睽睽之下，华罗庚又办了一件超级"傻"的事。

那天，"乾生泰"小店隔壁一家突然失了火，住在周围的邻居们都忙着从自家屋里往外抢值钱的东西。街上吵吵嚷嚷，乱哄哄的，华罗庚一门心思看书，竟然没听到！多亏一位好心的邻居到店门口喊华罗庚，华罗庚才听到街上异常的喧闹声。他走出去一看，忙跑回店里，抱着柜台上那几本"天书"，一下子冲到街上去。

还好，大火很快被人们扑灭，"乾生泰"小店没蒙受损失，但是，华罗庚不抢货物抢"天书"的事，很快就传开了。

华老祥听说后，气不打一处来，狠狠地把华罗庚臭骂了一顿，定要把那"天书"烧毁：儿子简直给这几本书搞得中邪了！

无奈，华老祥翻箱倒柜找了一顿，却没有找到那几本"天书"。原来，华罗庚料到爸爸要拿书出气，已经把它们藏了起来。

找不到"天书"，华老祥气不过，抓起柜台上那叠写满算式的纸，喳喳喳撕得粉碎，使劲一抛，扬到大街上。路过的西北风卷起这些碎纸片，在小镇的街道上飞啊飞。很快，这些纸片就无影无踪了。

华罗庚轻轻舒了口气，这是包装棉花的废纸，华罗庚拿来做演算的。

转眼快过春节了，生意人都瞪起眼睛，打起精神，年关正是卖货的好时候呢。顾客一定要招呼好，货要备足，钱上的事，得仔细打点清楚。因为华罗庚越来越迷恋"天书"，经常在外面跑蚕丝生意的华老祥，不得不留心一下小杂货店的生意。

这天，外出进货的华老祥回到店里，发现华罗庚不对劲儿：脸色苍白，满头大汗，一副心急火燎、不知所措的样子。

向来木呆呆、反应迟缓的儿子，什么时候急过？一定是出事了！

果然，华罗庚吞吞吐吐地对父亲说，下午有一个顾客进来买东西，自己不留心多找给他一块大洋，刚刚算账时才发觉不对。

华老祥一听脸色就变了：一块大洋，在当时是很大一笔钱呢！

"都是看那天书看的，该死的天书，我叫你再看！"这一下华老祥再也忍不住了，抓起柜台上的书就要烧。

华罗庚死死抱住爸爸不放。"别，别烧，往后我保证不看了，保证……"

华老祥这次绝不再心软，这几本天书，简直就是邪书，把儿子的魂都勾去了，再这样看下去，真要倒大霉呢！

父子的争吵声惊动了妈妈，她急急赶过来，见状万般心疼，也帮着儿子阻止华老祥，劝他手下留情。无奈，华老祥铁心已定，非要将那邪书烧掉不可。眼看着爸爸要把那几本书投向火炉，华罗庚一急，咕咚一声晕倒在地上。

……

多年以后，华罗庚成了举世闻名的数学大师，有一本外国杂志刊登了一幅漫画，上面画的是：华罗庚抱着几本破书，被拿着烧火棍的爸爸追得满屋子转。爸爸威胁儿子，要把他的数学书扔进火炉里去。

第九章
一场劫难

"烧书"事件后,华老祥整天琢磨:怎么才能拴住华罗庚的心,让儿子从"天书"里走出来,过正常人的日子呢?终于,华老祥琢磨出了眉目,他决定为儿子娶个媳妇。

除了数学,其他的事华罗庚一概不管。爸爸说娶媳妇,那就娶吧。

媳妇娶来了,叫吴筱元。吴筱元曾是大户人家的女儿,识文断字,知书达理的,因为家境越来越差,才下嫁给了华家。

尽管华罗庚个子高高,长得一表人才,又读过九年书,在小镇也算得上是个知识分子了,但华老祥夫妇还是有点儿担心:吴筱元这样的大家闺秀,会不会嫌弃华罗庚"呆"?

因为当时,"罗呆子"的绰号已经在镇上

传得沸沸扬扬，华罗庚成了人们取笑的对象。

还好，吴筱元并不觉得华罗庚"呆"，反倒觉得爱看书的丈夫是个好男人，总比整天游手好闲到处逛，或者喝酒玩钱的男人要强。所以，吴筱元嫁过来以后，华罗庚反倒可以安心看"天书"了。

吴筱元贤惠能干，照顾老人、料理家务、看小杂货店、招呼顾客，这么多的事情，她一人全部兜揽起来。

华罗庚在遭遇失学、受人嘲笑、父亲不理解等一系列打击，人生失意低迷的时候，妻子吴筱元的到来，是命运对他的第一次恩赐。

终于有人理解他，支持他一心一意钻研数学了。

那些日子，华罗庚不再孤独，单调的生活有了乐趣和光彩。很快，女儿华顺出世了，华罗庚又尝到了做父亲的天伦之乐。为了不影响华罗庚看书，吴筱元从不让孩子去打扰丈夫。

"爸爸在干什么呢？"女儿天真地问。

吴筱元告诉她："爸爸在做大事。"

"很大的事吗？"女儿问。

吴筱元回答："嗯，很大。"

其实，华罗庚做的事到底有多大，吴筱元也不清楚。但她坚信，丈夫做的是正经事。妻子和女儿的对话，让华罗庚很受鼓舞。

这个时候，命运再一次眷顾了华罗庚——他的老师王维克从法国学成归来了。

本来，王维克是可以留在大学里教书的，但他却回到家乡金坛，担任了金坛中学的校长。这位很有才华和成就的校长始终没有忘记他的弟子——颇具数学才能的华罗庚。

来到金坛中学后，王维克很快就到华罗庚家去了。

见到恩师，华罗庚激动得泪流满面，向老师叙说着自己这几年经历的一切：失学、看店、苦读……当然，师徒俩谈得更多的，是数学。

老师的再次到来，对于自学了几年，苦苦一个人探索的华罗庚，无疑是上苍送来的福音。

王维克深为华罗庚的自学经历所感动，为了帮助华罗庚，使他有一个更好的读书环境，王维克设法让华罗庚进金坛中学工作，担任会计兼事务员，每月十八块大洋。这笔收入，在当时足够华罗庚养家糊口。

成为金坛中学的一名校工，这是华罗庚做梦都没有想到的！终于，他可以有大量的书读，能够在学校的办公室里，随时向王维克老师请教了。

进入金坛中学后，华罗庚早出晚归，勤奋努力，账目清清楚楚，为老师服务细致周到……把工作做到最好之后，他挤出时间来，继续钻研深爱的数学。

有学校这样一个环境，华罗庚如鱼得水，进步很快，数学水平已经远远超过了学校的其他几位数学老师，只是因为他没有学历，并不被这几位老师看得起。华罗庚不介意，能有书读，他已经非常知足了。

但是王维克了解华罗庚，看重他的真实水平。刚好学校里办了一个初中补习班，王维克决定破格起用华罗庚做数学教师。

直到这时，父亲华老祥才明白，那些"天书"管大用呢！能让儿子进金坛中学当事务员，还可以当一名数学教师。在小镇，金坛中学可是最高学府啊！华家的命运终于有了转机，华老祥整天乐呵呵的，开始为儿子华罗庚感到自豪。

然而，就在好运向华罗庚姗姗走来的时候，厄运抢先一步降临了！

这一年，瘟疫在江苏这片土地上肆虐，金坛镇上，几乎家家都有人染上伤寒病。因为当时没有治疗这种病的特效药，许多患病的人迅速死去，整个金坛陷入了瘟疫的恐怖之中。

为了消灾避难，华罗庚的妈妈终日烧香拜菩萨，但是华家也未能幸免。

身强力壮的华罗庚首先倒下了。

祸不单行，华罗庚的妈妈紧跟着也染上了伤寒。由于年老体弱，抵抗力差，又担心儿子有个三长两短，妈妈一病不起，很快就含忧去世了。

妈妈的离世给了华罗庚很大的刺激。由于悲痛过度，他的病日益加重：持续高烧，四肢疼痛无力，呼吸急促，生命垂危……华老祥四处打听，讨些偏方来给儿子吃。结果华罗庚吃下偏方不但没有见效，反而病情加剧，后来，竟发展到浑身发冷、不断抽风、昏迷不醒的程度。

心急如焚的华老祥又变卖了家产，请城里的医生来诊治。医生来到后，只看了华罗庚一眼便说："不用下药了，他想吃什么，就给他吃点儿什么吧。"

医生让华家准备后事。

听说儿子已无可救治，华老祥无论如何不肯相信，又跑到青龙山庙里去求神，让菩萨给儿子算算命，结果算来算去，总是一个"死"字。

华老祥真是万般无奈了。

面对奄奄一息的丈夫，吴筱元暗暗流泪，实在不甘心年轻的丈夫死去啊。她把幼小的孩子送回娘家照看，昼夜守候在华罗庚的病床前，悉心呵护照料，又卖掉结婚的首饰，换回些钱，让华老祥去买一些草药来，给华罗庚服下。

半年以后，也不知哪副草药起了作用，华罗庚竟奇迹般地活了过来。

体力刚刚有所恢复，华罗庚就急着让妻子扶他起来。结果刚一起身，华罗庚就重重地摔倒在地上，他这才感到，左腿已经失去知觉，弯曲变形，再也直不过来了。

十九岁的华罗庚成了一个瘸子！

许多天过去，当华罗庚一瘸一拐地出现在金坛街头的时候，人们见了都怜悯地说："唉，年纪轻轻就变成这个样子，往后的日子可怎么过啊。"

遭此厄运，华罗庚的精神要崩溃了。

王维克又一次帮助了他。作为金坛中学的校长，王维克坚持半年前的计划，任用华罗庚做了初中补习班的数学老师。

对待这份崭新的工作，华罗庚格外珍惜。他认真备课，讲课清楚易懂，对学生诚恳和蔼，因此深受学生的欢迎。尽管，华罗庚是个走起路来一瘸一拐的老师。

本来，华罗庚只想通过自己的努力，来回报恩师对自己的帮助，只想通过教学，来促进自己的数学研究，他不准备与任何人一比高低。不想，由于他讲课出色，竟给王维克带来了很大的麻烦。

华罗庚没有学历，但他的教学水平远远超过了其他几位有学历的数学教师，这让他们几个人心理很不平衡。于是，这几个教师联名将王维克告到县教育局，说他任人唯亲，启用没有学历、教学水平极差的华罗庚。

教育局局长为此责难王维克。

作为留法学生，王维克在金坛中学任职已是屈就，再说，任用华罗庚绝不是出于私情，而是不拘一格用人才。一怒之下，王维克拂袖而去，去湖南大学当老师了。

王维克一走，金坛中学要换新校长。没有学历的华罗庚也该离开金坛中学，再回到家里自学了。这让华罗庚有一种说不出的悲哀。

幸运的是，接任的校长韩大寿是位正直的知识分子。他十分同情家境贫寒的华罗庚，并且他早已从王维克那里听说了华罗庚的数学才能，也从学生那里了解到华罗庚是个十分敬业的好教师。于是他决定留华罗庚在金坛中学工作，只是不能再教书，仍然当会计兼事务员。

虽然又回到了起点，华罗庚已是万分满足。有这样一份很是不错的收入，上有老、下有小的华罗庚，就可以养家糊口了。这份工作，能保证他继续亲近数学，向知识的峰巅攀登。

华罗庚工作起来更加勤奋，他拖着行动不便的左腿，没白没黑地忙碌在金坛中学。虽然在这里，他仍然是一个不起眼的小职员，一个勤恳操劳、默默无闻的人，但他的内心已经很强大，他正在向一个非常高的目标进军。

当时，这个目标还不能说出来，会叫金坛中学那些有学历的教师嘲笑的。但是，华罗庚不嘲笑自己，他认准了这个目标，一步一步地往前走，妻子吴筱元也在默默鼓励他。

这是一个怎样的目标呢？

第十章
小人物的大作

1930年，上海的《科学》杂志十五卷二期上，刊登了一篇题为《苏家驹之代数的五次方程式解法不能成立之理由》的论文。

这篇论文，一下子在国内数学界引起了"大地震"！

苏家驹是当时赫赫有名的数学家、大学教授；而写那篇文章的，是个名字完全陌生的作者：华罗庚。

数学界，没有人知道华罗庚。

可是，这个没人知道的华罗庚却敢于反驳人人都知道的大人物苏家驹！而且，反驳得有理有据，文章写得无懈可击。由此，人们知道了华罗庚——

金坛中学的一个小小的事务员。还是一个瘸子。

你应该还记得，华罗庚在读初中的时候，就不是个盲目崇拜权威的人。批评胡适，不按老师教的方法解题，被老师批作"大逆不道"。显然，老师的批评没有改变华罗庚。

几年以后，这个骨子里不盲从的年轻人又开始对数学权威提出了质疑。

华罗庚第一次见到《科学》杂志是在王维克老师那里。那时，华罗庚才知道在这个世界上，还有提供数学论文发表的园地！

在当时中国的数学领域，《科学》这份杂志属于顶尖级的研究刊物，只有少数知名的大学教授，才有能力在上面发表文章。而这些文章的内容，金坛中学的数学老师基本上是看不明白的。

华罗庚细读《科学》杂志上面的每一篇论文，不仅完全能够读懂，而且读得津津有味。他开始跃跃欲试，梦想着自己的文章也能在那上面发表。

这个梦想鼓舞着华罗庚。他仔细研究《科学》上的一些文章，模仿着他们的写作方法，开始了自己的论文写作。

第一篇论文写完后，华罗庚把它寄给了《科学》杂志。然后，开始了满怀期望而又惴惴不安的等待。

每天下班回到家里,华罗庚见到妻子的第一句话便是:"有没有杂志寄来?"等待《科学》杂志的回音,成了华罗庚一天最惦记的事。有几次,华罗庚睡梦中见到自己写的论文变成了铅字,激动地醒来后,才知是空梦一场。

果然是空梦一场。

不久,寄出的论文稿子原样退了回来,上面附了一张纸条:此文算式外国名家早已释疑,何必劳神!

是呵,一个不知名的小人物,一份来自偏远小镇的投稿,这位势利的编辑,完全有理由对来稿者不屑一顾。当然,他做梦也没有想到,这位被他轻视的小人物,几年后震动了整个数学界。

退稿信上刻薄的话,深深地刺痛了华罗庚。

失学、残疾、贫穷,这些磨难,华罗庚都没有掉一滴眼泪,但面对这封退稿信,华罗庚的泪水涌了出来。

有几天,华罗庚一语不发。吴筱元以为丈夫出了什么问题,忧心忡忡地关注着他,小心翼翼地劝慰他。孩子大声说话,吴筱元都赶紧把孩子带到一边。

其实,吴筱元的担心是多余的,与其说这封退稿信打击了华罗庚,不如说它让华罗庚鼓起了更大的干劲。因为,华罗庚是个不服输的人,越被人瞧不起,他越要做出个样子来。

就像一只被拍打的皮球，越被拍打，球蹦得越高。

希望被击碎以后，在失落中经过短暂的停留，华罗庚调整了心态，冷静下来想想：退稿信上的话虽然说得叫人心寒，但是，它也告诉自己，读书读少了，视野不够开阔，别人论证过的题目，自己再写一篇文章去证明，显然已经没有价值。

于是，那封退稿信就像一条鞭子，悬在了华罗庚的头顶，激励着他向梦寐以求的目标——《科学》杂志一次次发起冲锋。

当然，这一切都只能在业余时间完成。白天，华罗庚要上班，把金坛中学自己分内的工作做好，让别人无可挑剔。晚上回到家里，才真正进入了自己的数学神殿，开始专注于论文写作。

华罗庚又回到几年前那副呆头呆脑的样子了。

在学校里，他像一个机器人，做着那些他再熟悉不过的工作，可是魂儿却走了，走进他钻研的数学题目中，常常是一天一天的不说话。金坛中学里，有些老师就觉得这个小事务员比较清高，背后议论说："有什么了不起的？不就是个初中生，连上讲台的资格都没有嘛。"

回到家里，华罗庚坐到桌前就写写算算起来，常常忘记了吃饭，顾不上睡觉，甚至小女儿跑过来，要往他身上爬，玩累了在他脚边哭，华罗庚都全无知觉。

一年后，经过多次退稿，华罗庚终于在上海的《科学》杂志上发表了他的第一篇论文。一篇关于斯图姆定理的论文。

这是1929年。

一个只念过初中，年仅十九岁的镇中学小事务员，能够在国内数学界最权威的刊物上发表文章，这在小小的金坛中学引起了震动。那几个原先瞧不起华罗庚的数学老师，看着杂志上华罗庚名下的这篇论文，似懂非懂的，虽然嘴上不说什么，但是心里不得不服。不服，你写一篇看看啊。

消息在金坛镇上传开了。华老祥听说后，非常自豪，儿子在大上海的杂志上发表文章了呢，了得吗！

他从华罗庚手中要过那份杂志，认真地看啊看，好像上面的那些符号，那些高深的代数、几何、微积分什么的，他全部都弄懂了。其实，他只是会打打算盘，对高等数学可以说是一窍不通。

原来，儿子看那些"天书"还真是有用，给华家光宗耀祖呢！

华老祥美滋滋地把这本杂志摆在"乾生泰"小店的柜台上，有熟人来了，就要拉人家坐下来，让人家看一看这本杂志，自己说道说道这杂志有多么了不起。于是，人们开始对华老祥这位瘸腿儿子刮目相看了。

"难怪他呆头呆脑，原来，人家是做大事情的，和我们这些人就是不一样。不是有一个词，叫作'大智若愚'。"有人赞叹说。

听到的人都频频点头："是呵，是呵。"

远在外地的王维克老师从《科学》杂志上看到了华罗庚的论文后非常高兴，给华罗庚写信表示祝贺和鼓励，又陆续为他寄来了一些杂志。

华罗庚的世界变样了。

周围有了人们的笑脸和赞扬的话，然而华罗庚却感觉不到这一切，依然是呆头呆脑，任由灵魂在数学的圣殿里游走。常常是走路都在思考问题，有时差点儿走到沟里去，有时迎面碰到熟人，眼睛明明看到了对方，却像没见着一样木然地走过去。

但是，在数学的迷宫里，华罗庚的感觉却异常敏锐。

一天，在王维克寄来的《学艺》杂志第七卷第十号里，华罗庚看到了一篇苏家驹教授的论文，论文的题目是《代数的五次方程式之解决》。

读过之后，华罗庚发觉这位教授的解法是不对的，他拿起笔，准备写一篇文章予以纠正，但又有点儿担忧：苏家驹在国内数学界的影响很大,自己是个无名小卒,万一怪罪下来,自己吃得消吗?

华罗庚的担心不是多余的。

数学界有这样一个故事:19世纪20年代,一名叫作阿贝尔的挪威青年,创造性地首次写了题为《代数的五次方程式解法不可能存在》的论文,送给数学大师高斯看。这位数学权威竟认为阿贝尔的论证是不可能的,把阿贝尔的发现打入冷宫,直到阿贝尔去世十二年之后,他的论文才得到世人的公认。

犹豫不决时,华罗庚便写信跟王维克商量,请教老师,能否批评苏家驹教授。王维克回信说:"当然可以,即便是圣人,也会有错误的。"

于是,华罗庚写了《苏家驹之代数的五次方程式解法不能成立之理由》这篇论文,寄给了《科学》杂志。

完成这篇论文时,华罗庚只有十九岁。

论文寄出后,在等待的过程中,华罗庚是忐忑的,他已经做好了充分的心理准备:这篇文章的下场有可能和阿贝尔那篇文章一样。

不想,这篇向著名数学家挑战的文章得到了《科学》杂志的重视,迅速在1930年的《科学》杂志第十五卷第二期上发表出来。

当邮差送来刚刚出版的《科学》杂志，看到自己那篇《苏家驹之代数的五次方程式解法不能成立之理由》的论文变成铅字时，华罗庚激动地流下了热泪。

他深深地感激那位素昧平生的编辑，不迷信权威，冒着使著名大学教授难堪的风险，肯把他这个偏僻地方小人物的论文发表出来。

这是一篇被数学领域永远称颂的著名论文。

《苏家驹之代数的五次方程式解法不能成立之理由》的出现，震动了整个数学界，标志着华罗庚这颗璀璨的巨星，就要在中国和世界的数学天空出现了。这篇论文，也彻底改变了华罗庚——这位残疾年轻人以后的命运。

第十一章
到清华

1930年的某一天，在金坛小镇的华罗庚，突然收到了清华大学的一封来信。

写信者是熊庆来①。熊庆来是著名数学家，当时在清华担任大学教授、数学系主任。信中，熊庆来邀请华罗庚到清华大学会面。

这真是非常意外的喜讯！受惯了挫折打击的华罗庚竟有些发蒙，拿着这封称他为"华先生"的来信，一时搞不清楚是在梦中，还是真有这么回事。

带来这个好消息的，正是刚刚发表在

---

① 熊庆来(1893—1969)字迪之，云南人。中国近代数学的先驱。曾经留学比利时、法国，并且在法国获得了博士学位。他在函数论的研究方面取得巨大的成果，定义了一个"无穷级函数"，被国际上采用并称作熊氏无穷数。

《科学》杂志上的那篇论文。

那天，在清华大学数学系教研室里，熊庆来正在批阅研究生的毕业论文，学校的事务员送来了一本《科学》杂志。

《科学》杂志的每一期，熊庆来都要仔细阅读的。他放下手中批改的论文，打开这本杂志翻阅，忽然，一个醒目的标题吸引了他：《苏家驹之代数的五次方程式解法不能成立之理由》。

熊庆来仔细读完这篇论文后，深深地被文章缜密、清晰的论理所折服，他完全赞同华罗庚的观点，更欣赏这位敢于指出名家错误的作者的勇气！

熊庆来认定，能写出这篇文章的人，不仅是位非凡的天才，而且学问功底扎实深厚，一定不是等闲之辈。

国内数学领域的知名教授，熊庆来是有印象的，但这位华罗庚却从没听说过，这让他感到奇怪。熊庆来拿着杂志，去教研室的其他老师那里询问："你们有知道这个华罗庚的吗？"

在场的几位数学老师都说不知道。他们猜测，这人一定是从国外留学回来的，或者是哪个大学里的教授。

这位叫华罗庚的人，给熊庆来留下了深刻的印象。他查阅了留学生名录，并不见华罗庚这个人，这就更让他感到好

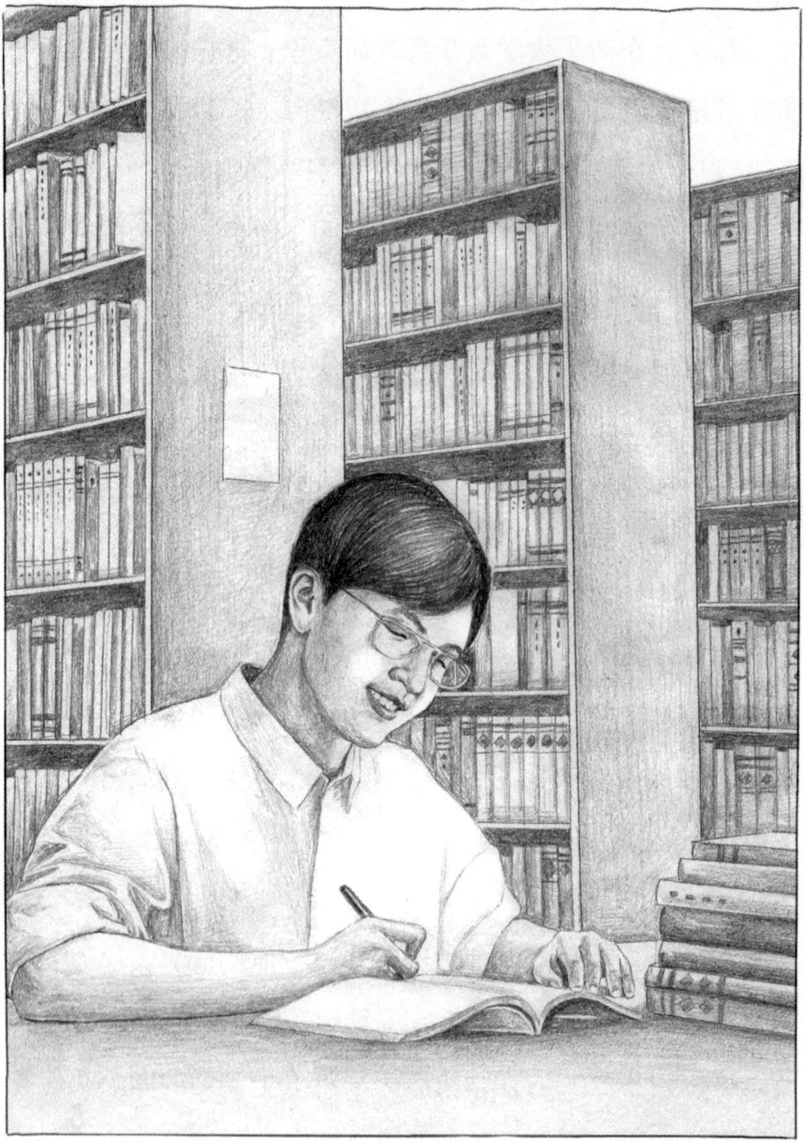

奇了。

熊庆来逢人就问，执意要打听出华罗庚是何人，在何处。终于，有一位来自金坛镇的名叫唐培经的教师，对熊庆来说他认识华罗庚，他还听说过一些华罗庚刻苦自学、被人取笑的事。

听完唐培经讲的华罗庚的趣事，熊庆来被这个特别而又执着的小伙子深深感动了。直觉让熊庆来认定，华罗庚是一位不可多得的数学人才，将来定会有大成就。于是，一向珍视人才的熊庆来便提笔给华罗庚写了那封信。

这封来信，在金坛小镇引起了震动！

"清华大学的名教授呢，专门写信来，让华老祥的儿子去面谈，不得了啊，北平的清华大学！"人们奔走在街上，热议着这封信。"乾生泰"小杂货店忽然成了人们注目的中心。

年迈的华老祥更是开心得不得了，这一次，不用他频频地向人们宣传了。清华大学啊，中国最牛的大学呢！

华罗庚万万没有想到，自己会得到熊庆来教授的邀请！研究数学的人，谁不知道熊庆来？他一直是华罗庚崇拜的偶像。如今，突然有机会去见大名鼎鼎的熊庆来教授，对于华罗庚来讲，这真是求之不得的好事情。

然而，华罗庚却发愁了。

家里上有老，下有小，在金坛中学做小事务员的收入，勉强能够填饱一家人的肚子，哪还有去北平的路费？万般无奈之下，华罗庚只得忍痛放弃这次机会，含泪给熊庆来写了一封致歉信。

当这封信送进邮箱的时候，华罗庚感到了巨大的失落。

华老祥看在眼里，心疼不已。都怪自己老了，没有能力再挣钱养家，才拖累儿子不能实现一生的梦想。"唉——"

没有料到，那封信寄出去不久，华罗庚又收到了熊庆来的第二封信。信中说，他决定亲自动身，到金坛镇来拜访华罗庚。

华老祥一听，坐不住了：怎么能让大人物从北平到这里来呢？既然大人物非要见儿子，那就只好想办法让儿子去了。于是，华老祥颠颠地跑到亲友家去借钱，一家一户地凑，总算凑齐了华罗庚去北平的路费。

要进大都市，总要穿得体面一点儿，妻子吴筱元连夜赶着为华罗庚做了一身新衣服。布料是自己家里纺的更生布，虽然穿在身上僵硬，但看上去干净整齐。在乡下，这已经是很不错的穿着了。

就这样，华罗庚穿着一身僵硬的新衣，只身去了北平。

这是1931年。

风尘仆仆地下了火车，华罗庚立刻蒙掉。车站上熙熙攘攘、车水马龙的，这个乡下来的小伙子一时分不清东西南北了。

幸亏熊庆来安排了一个教师来接站。这人见到华罗庚，忍不住露出了一点儿鄙夷的神色，尽管知道华罗庚是从金坛来的，是熊庆来请来的客人，这人还是对华罗庚的衣着和面貌十二分想不到。

此时的华罗庚，穿着一身硬邦邦的更生布新衣服，在这座大城市里显得很老土；人长得面黄肌瘦，神色怯怯，呆头呆脑的，典型一副乡巴佬样。而且，还是个走路一颠一拐的瘸子！

所以，这人见到华罗庚的第一句话便是："早知道你是个瘸子，我也不用费那么大劲，到处乱找了。"

来到清华大学校门口，门卫也对华罗庚的身份表示怀疑。

以往来见熊庆来教授的客人，不是衣冠楚楚的学者名流，就是穿戴整齐、文质彬彬的大学生，这副样子的客人，门卫还是头一次见到。所以，尽管有接站的教师陪着，门卫还是多盘问了华罗庚几句。

是呵，走进清华园里，华罗庚的形象的确是格格不入。路上见到的人，不免都对华罗庚多看两眼，心生怀疑地想：

这大概是个误入清华园的乡下人吧。

华罗庚却浑然不觉,他那惊奇的眼光,完全投向眼前的景致:如茵的草坪,高大的绿树,幽雅整洁的甬道,一座座高耸的教学楼……这就是大学,而且是清华大学!

过去做梦都不敢想的地方,如今走进这里面,华罗庚恍若梦中。及至走到数学系办公室门口,要见到熊庆来教授了,他的心才怦怦跳起来。他有些紧张地在门口站定,深呼了一口气,小心翼翼地敲响了门。

熊庆来见了华罗庚,也不免有一些惊讶。

眼前这个年轻人,瘦高的个子,一身灰土,肩上挎着一个半旧的浅花布包,身躯微微倾斜,左腿一颠一颠地走过来。他脚上是一双青布鞋,因为左脚不能踏实落地,左脚上穿的鞋子已经变形了。

联想到那篇《苏家驹之代数的五次方程式解法不能成立之理由》,熊庆来很难把它和眼前这个神情怯怯的年轻人合为一体。

他请华罗庚坐到沙发上。

华罗庚有些不知所措。还是头一次坐沙发,华罗庚试着小心地坐下,那种松软的感觉让他很不自在,他往前挪挪屁股,只坐在沙发的边沿上,手脚也不知往哪儿放,窘迫得一时不知该说什么。

面对这样一个年轻人，熊庆来顿时心生爱惜与同情，他给华罗庚倒了一杯水，坐在他旁边，亲切地和他拉家常。渐渐地，华罗庚恢复了常态。

但是，当熊庆来跟华罗庚聊起数学的时候，华罗庚却如鱼得水，侃侃而谈，神情自信大方，谈吐也颇有见地，完全换了一个人似的。

熊庆来不住地点头：嗯，自己没有看错，这个出自寒门的学子，果然是一个功底深厚、才思敏捷、蛮有灵气的年轻人。熊庆来爱才心切，决心把华罗庚留下来，好好培养他。

但是，安排华罗庚做什么工作好呢？

以华罗庚的学识水平，当个数学助教绰绰有余，但是他没有学历，按照清华大学的规定，是没有登讲台、当教师的资格的。熊庆来只好把华罗庚安排在数学系办公室，当了一名助理，收入每月是四十大洋，比助教少一半。

做出这样的安排，熊庆来感觉有些委屈华罗庚。但是，从金坛小镇来到这里的华罗庚，已经非常知足了。

毕竟，来到了自己仰慕的数学大师身边，来到了中国最著名的高等学府，有了最好的学习环境，有浩如烟海的书可以读，此生还求什么呢？

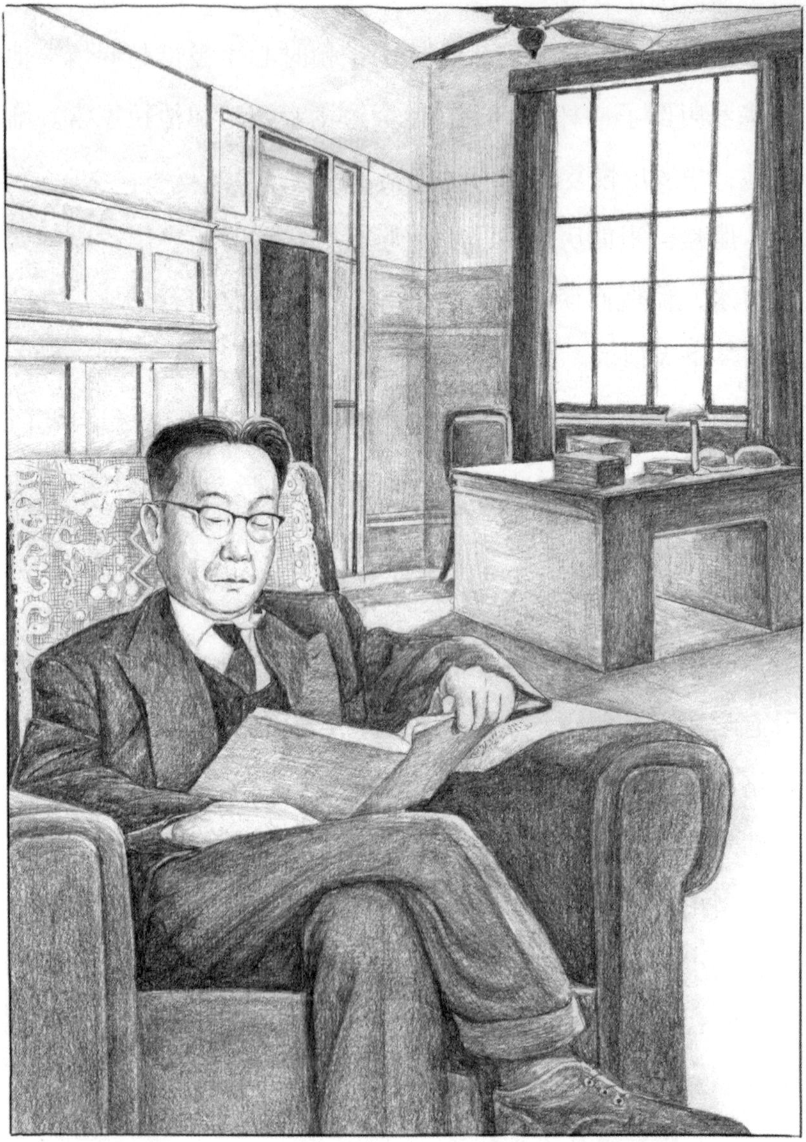

华罗庚开始了全新的生活。

助理的工作是非常繁杂的，管理图书资料、学生试卷、教学教具、教师教科书，还要当文书打字……华罗庚把这些工作做得井井有条，然后插空跟着研究生听课。

下班后，华罗庚就扑到了书的海洋里。

读起书来，华罗庚如饥似渴。每一天的时间，他都觉得过得太快，一天只睡四五个小时的觉，他都觉得太奢侈。他希望变成一个机器人，不吃不喝也不睡，只管不停歇地读书。

就这样，仅用了一年半的时间，华罗庚就攻下了数学专业的全部课程，并自修了英语、德语和法语。

至此，这个年轻的小伙子，羽翼丰满了，底气备足了，练就了搏击长空的臂力，在数学广阔无垠的天空，开始展翅翱翔了。

第十二章
初中生教大学生

1933年的某一天,清华大学理学院召开了一个特别的会议。

参会的是各个系的系主任,还有一些知名教授。这个会议是专门为华罗庚召开的,大家讨论的议题是:一个只上过九年学的初中生,能不能当大学教师?

这之前,清华大学的历史上从没讨论过这种问题。明摆着的,一个初中生怎么能教大学生呢!

主持会议的是理学院院长孙企荪。而提出这个议题的,是数学系主任熊庆来。

熊庆来提出这个问题,不是偏爱自己的学生,而是觉得,华罗庚的水平已经超过了研究生，教大学生绰绰有余。

正因为这个事实，熊庆来虽然比华罗庚年龄大出许多，却从来不叫他华罗庚，或者小华、罗庚什么的，都一直尊称他"华先生"。

这个问题的提出，距华罗庚来到清华，不过两年的时间。两年的时间，在人生的长河中是非常短暂的，这段时间如果用在玩耍上，你会感觉一眨眼就过去了。可是我们看看华罗庚，他都做了些什么：

在数学系做助理员期间，华罗庚玩命地读书，很快就从庞杂的知识材料中，找出了贯穿全局的脉络，研究能力超常发展，并找准了自己的主攻方向——数论研究。

关于数论，有一句形象的比喻：数学一向被尊为科学中的皇后，而数论则被尊为数学中的皇后。由此可见，数论在数学研究中是多么重要。

当时，有关数论的问题，国际上的尖端研究主要有"华林问题"和"他利问题"。对于这两个问题，还有许多奥秘没有解开。因此，世界上许多知名数学家，都致力于这两个问题的探秘。

在熊庆来教授的指导下，只有二十几岁的华罗庚，很快就成为探秘高手。

华罗庚接连写出了三篇英文论文，分别发表在国外权威数学杂志上。这在数学系引起了很大轰动，即便是教学多年的老师，也做不到这一点。立刻，华罗庚被国内数学界视为新星，在国际上都有了一定的名气。

可是，这么有才气的年轻人，却要在办公室里整天忙杂务。

因为华罗庚不是教师，只是个助理员。办公室的工作不仅琐碎，还需要跑跑颠颠，这对于腿脚不方便的华罗庚来说，真是超级辛苦。这么些杂七杂八的工作，腿脚健全的人都要忙得飞转，哪还有时间读书、研究、写文章？

可是，这个跛着一条腿的华罗庚，不但做到了，而且创造了奇迹。

对于这个瘦弱、顽强的年轻人，熊庆来是又心疼又佩服。他想，这么有才能、有潜力的人，放在办公室里，做一些任何人都能做的事，是不是太浪费人才？

找到一个人才是多么不容易啊。

从偏远的金坛小镇把华罗庚挖来时，熊庆来就认定他是个人才，这两年多的时间里，熊庆来更认定华罗庚是一块金子。只不过，被埋在了沙土里。熊庆来要做的就是把这块金子从沙土里提炼出来，让他成为闪闪发光的黄金。

那么，首先要做的就是人尽其才，让华罗庚成为一名助教。但是，要做成这件事还挺麻烦的。

清华大学规定，当大学教师，必须得大学毕业。其实，这也是所有大学的规定。什么人都能当大学教师，大学是不是也太没有尊严了？再说，这样超出常规的事情，清华以前也没有过。

没有过的事，要做成就非常难。

熊庆来知道，这件事要做成，必须得有人支持。于是，他找到了孙企荪教授。孙企荪是理学院院长，对华罗庚非凡的成就早有耳闻，听熊庆来详细介绍了华罗庚的情况后，完全赞同熊庆来的建议。但是，按照学校的规定，华罗庚破格提拔的事，得提交院办公会讨论。

于是，便有了理学院这次特别的办公会。

当孙企荪院长提出这个议题后，立刻引起了教授们的强烈震动。

也难怪，这个提议太离谱了！清华大学，那可是国内最有名的理工大学，管理相当严格，任用教师，高学历是最起码的标准。让这个只有初中学历的华罗庚站到清华的讲台上，开国际玩笑吧？

很快，就有教授站出来反对："任用初中生当助教，这是对我们清华的亵渎嘛。这样的事传播出去，会不会影响我们在国际上的声誉？"有不少教授赞同这个观点，认为这件事没有讨论的必要。

也有一些教授，对华罗庚的成就有所耳闻，并且注意到，这个不声不响的跛脚年轻人很是勤奋，他们认为孙企荪院长的提议有一定道理。但是，大学必须是有规矩的。因此，这些教授的态度也就模棱两可。

讨论的意见，基本上是反对。

这样的结果已在叶企荪院长的预料之中。他转过身来，对熊庆来说："庆来兄，你对华罗庚最了解，你把他的情况跟大家介绍一下。"

关于华罗庚，熊庆来要说的话太多，从哪儿说起呢？

就从那篇《苏家驹之代数的五次方程式解法不能成立之理由》谈起吧，熊庆来满怀着爱才之情，徐徐道来，不仅介绍了华罗庚研究成果的价值，也介绍了华罗庚历经磨难、自学成才的顽强精神……

会场上安静下来，华罗庚的故事震撼了教授们，这的确是一个非凡的人才呢！

最后，熊庆来明确表态，华罗庚可以胜任数学助教的工作，不仅是胜任，而且能力绰绰有余。他担保："聘用华罗庚绝不会给数学系丢脸，也不会给清华大学带来麻烦。"

一部分教授听了熊庆来的介绍，不断点头，认为华罗庚确实不简单，应该特殊对待。但是，在座的教授中还有一些人仍然反对。

叶企荪院长没有被反对的意见干扰，他深信华罗庚的价值和前途，力排众议，郑重地说："清华园出了华罗庚是好事！为什么用资格限制他？"当场明确拍板定案，破格提升华罗庚为清华大学数学系助教，主讲低年级的微积分课。

于是，在清华大学的讲台上，破天荒地，出现了一个没有大学文凭的大学教师。

"这不是系办公室那个助理员吗？"头一次见到讲台上的华罗庚，学生们惊讶不已。他们明白，做助理员的人是没有大学学历的。当看到华罗庚一跛一跛走路的样子时，一些学生甚至嬉笑起来。

坐在这里的学生大都家境不错，他们对土气的华罗庚很是瞧不起。

本来，华罗庚是有些不安的，尽管他备课很充分，但这毕竟是第一次给大学生上课。然而，讲台下面发出的笑声反倒让华罗庚镇定下来。

他听得出，那笑声是对他的瞧不起。华罗庚是个受惯了逆境的人，逆境造就了他的性格：越是遇到刺激，反而越有斗志。如果没有这种性格，华罗庚怎么能够从金坛小镇一步一步走到这里来呢？

以华罗庚的水平，给大学一年级的学生讲微积分，那纯粹是小儿科。这方面的知识华罗庚熟得不能再熟，全在脑子里，闭着眼睛都不带计算错的。所以，让讲台下有些人的轻蔑笑声一刺激，华罗庚反而来了激情，讲课超常发挥，十分精彩。

那本备好的教案就放在讲台上，一节课下来，华罗庚都不带看它一眼的。

这下把学生震住了，及至下课，学生还一动不动地坐在位子上，教室里相当安静。接着，"哗——"教室里爆发出热烈的掌声。

以后，再轮到华罗庚上课，学生们都早早来到教室，抢着到前排就座。他们觉得，这位跛脚老师的课，比许多老师的课都讲得清楚明白、生动有趣。

而且，这位华老师一点儿也不摆谱。不像有些从国外留学回来的老师，动不动就吹牛，或者卖弄一通学问，课却讲得叫人听不懂。

一个人身体残疾，可以被人取笑，也可以被人尊敬。年仅二十三岁的华罗庚做到了后一点。他靠的是什么呢？是他的老师熊庆来所评价的：绰绰有余的学问，非凡的成就和坚强的人格。

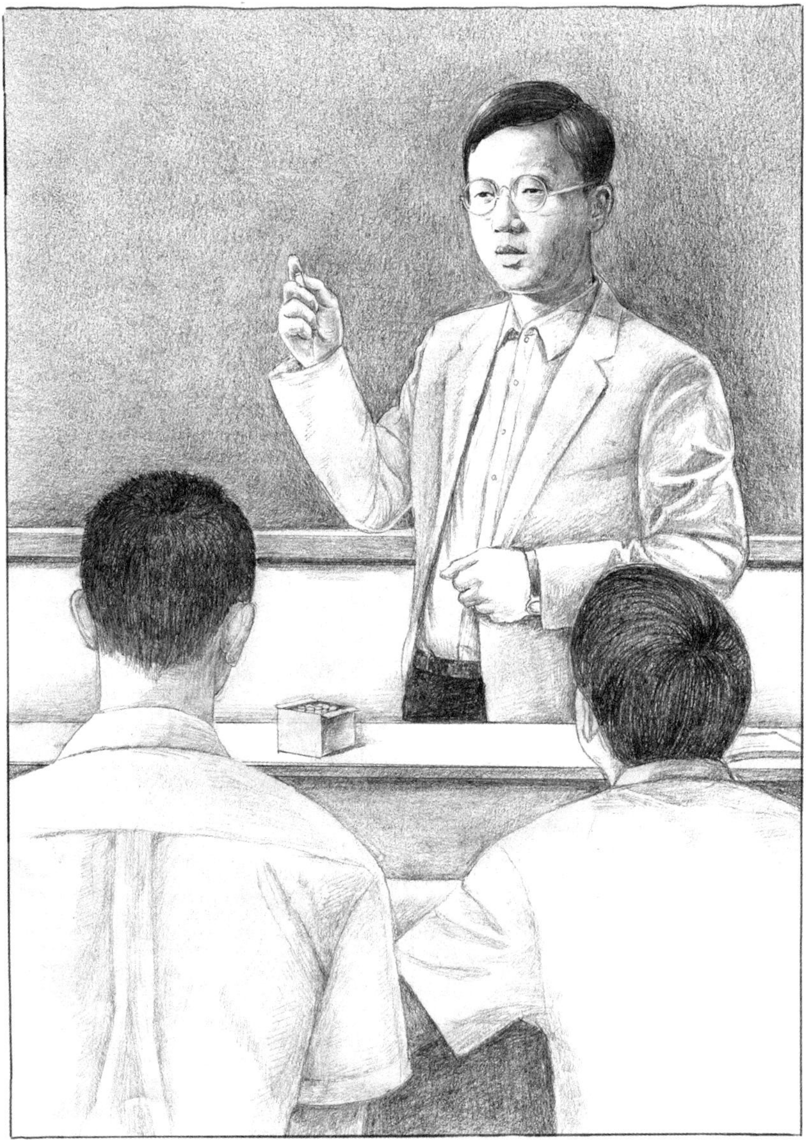

第十三章
特别的剑桥访问者

1936年,华罗庚应剑桥大学哈代教授的邀请,到剑桥大学做访问学者。

当时的剑桥大学,云集着世界一流的数学家,是世界数学研究的中心。能得到来这里访问的机会,是许多学者梦寐以求的。

清华大学里,有那么多高学历的教师期待着这个机会,而这个机会,却找到了只有初中文凭的华罗庚。

华罗庚的运气又是怎么来的呢?

1935年,法国著名数学家阿达玛和美国著名数学家维纳应清华大学的邀请,来这里进行学术交流。两位当代著名学者的讲学,在清华大学引起了很大的轰动。

在众多慕名前来听课的人中，华罗庚这个年轻人，也引起了阿达玛和维纳两位讲学者的注意。

华罗庚一向来得很早，总是坐在最前排，听讲非常认真，再加上他走路一瘸一颠，这样一个特别的年轻人，让人注意到是很正常的。

但是，让两位学者印象颇深的，并不是这些表面的东西，而是华罗庚谦虚地向他们请教时，竟能对"华林问题"有深入的研究和独到见解！我们知道，"华林问题"是国际数论研究的尖端问题。

嗯？清华竟有这样的人物！

由于华罗庚，让两位学者对古老东方的数学研究能力有了新的认识。

在和两位学者相处的过程中，华罗庚和他们结下了深厚的友谊。两位学者回国以后，常常向自己的朋友和同行们提起："中国有个华罗庚！"

这个残疾年轻人超凡的才能，让两位学者记住了他。

后来，维纳给英国剑桥大学的著名数学家哈代写了一封信，把华罗庚推荐给哈代。信上称赞华罗庚是中国的拉马努金，希望能够在可能的情况下，接纳华罗庚到剑桥大学深造。

拉马努金是一位什么人物呢？

他是印度的著名学者，一位自学成才的天才数学家。他的一生富有传奇色彩，数学研究成就卓著，在国际上名气很大。维纳把华罗庚和拉马努金相提并论，足见他对华罗庚的器重和欣赏。

这样，华罗庚就引起了哈代的注意。哈代找来华罗庚的论文，读过后对这位自学的、独立思考的东方青年的印象很是不错。

于是，著名数学家哈代写信给叶企荪和熊庆来，诚恳地表达了可以接纳华罗庚到剑桥大学深造的意向。有了剑桥的邀请，华罗庚得到了中华文化教育董事会提供的每年一千两百美元的补助，以访问学者的身份去英国剑桥大学进修。

1936年，华罗庚离开祖国，越过英吉利海峡，到剑桥留学。旅途坎坷，行程漫长。与华罗庚一起同行的，是著名物理学家周培源。

一路上，华罗庚颇为感慨：五年前，自己从金坛到清华，进入中国数学研究的中心；五年后的今天，又从清华到剑桥，走向世界数学研究的中心。在这里，他可以尽览世界数学峰巅的山光景色了。

1209年创立的剑桥大学，以历史悠久、人才出类拔萃而驰名世界。牛顿等伟大科学家就是出自这个学府。

华罗庚来到剑桥的时候，正是剑桥的鼎盛时期。

在这座绿荫覆盖的世界著名学府里，有一张年代久远，但光耀无比的高背座椅。这曾经是大科学家牛顿的座椅，现在，坐在这上面的是英国数学巨子哈代。正是他，这位剑桥数学的掌门人，邀请华罗庚来剑桥深造。

世界各地数学界的精英们纷纷慕名前来，切磋学问，交流信息，开阔眼界。当然，精英们也希望通过剑桥的各种学术交流活动，来检验彼此的水平，一比高低。

这是个强手如林的地方。

当时，哈代不在英国，到美国访问去了。临走时，这位数学大师让他的助手、大数学家哈依布勒转告华罗庚：

"请告诉密斯托华，凡是从东方来的学生，都问我们多少时间可以获得学位。按剑桥的规定，一般人至少要用三年时间，完成了必修的课程后，才可能得到博士学位。如果华愿意的话，他可以在两年之内获得。"

说着，哈依布勒拿出早已准备好的几页表格，让华罗庚填写，并问他准备攻读哪些课程，他好设法帮助华罗庚较快地取得博士学位。

没有想到，来剑桥首先碰到的竟是学位问题！

华罗庚明白，如果要拿博士学位，那就需要放弃目前的

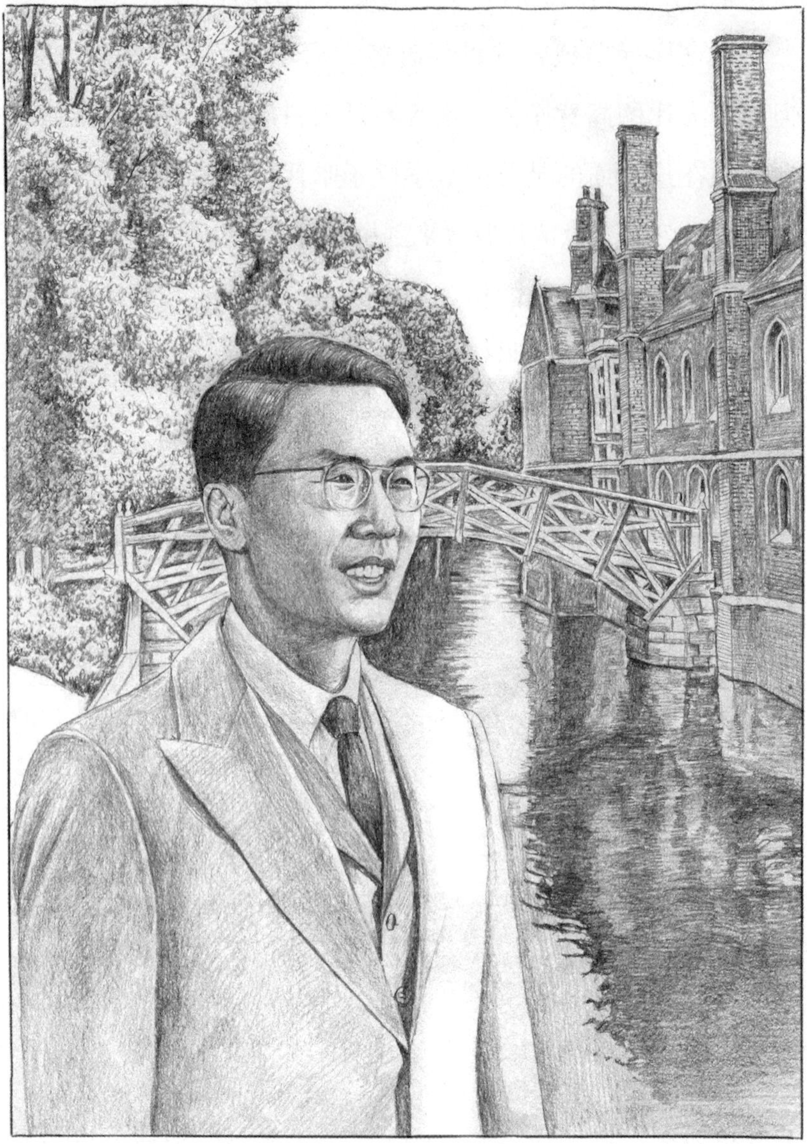

研究，花两年时间去完成一些必修的课程。两年时间啊！来剑桥的时间如此宝贵，要学问还是要学位？

华罗庚略一思考，对哈依布勒说："谢谢，请转告哈代先生，我是为了求学问才到贵国来，而不是为了获得学位来的。你们只要给我机会到贵校图书馆看看书，允许我听听课就行了。"

不要剑桥的博士学位，就等于放弃了回国当教授、做大官的金字招牌。这个招牌，足可以让一个人荣耀一生！

哈依布勒用惊异的眼光打量着这个中国小伙子。

尽管哈代做过交代，但第一眼见到这个朴素的、走路一瘸一拐的年轻人时，哈依布勒难免有些轻视。然而，华罗庚诚恳的愿望、朴素的语言，特别是敢于放弃唾手可得的博士学位这种人格力量，不能不让哈依布勒肃然起敬。

"非常欢迎您，我们剑桥的第一位访问学者！"

在剑桥，华罗庚的主攻方向依然是数论。他参加了一个有名的数论学家的小组，这个小组包括英国著名数学家哈代、哈罗尔德、达凡波特、李德伍德等，以及法国和德国的一些著名数学家。华罗庚是这个小组里唯一的东方人，年龄最小，资历最浅。

可以说，这个小组集中了剑桥的数学精英，确定了世界数学的尖端课题，共同展开研究。华罗庚与这些专家互相切磋，从他们那里得到了不少启发和帮助，数论研究飞速进展。

华罗庚此时的学术研究，主要是"华林问题""他利问题""哥德巴赫猜想"等，都是数论学科中的著名问题。特别是对于高深的"华林问题"，华罗庚投入了大量精力，进行了深入研究。

"华林问题"是由19世纪数学家王华林提出的命题。这一奥妙的命题提出以后，世界上许多数学家都在不断地进行探索和研究。

20世纪初，大数学家希尔伯特走上第一个阶梯。

二十年后，哈代帮李德伍德又登上一个高阶。

现在，华罗庚一跃而上，占领了新的制高点。

华罗庚的研究成果，囊括了他欧洲同行的全部工作，并推导出了完整确切的定理，把"华林问题"的研究又推向了一个新阶段，得到世界数学界的认可和推崇。因此，这一定理被用华罗庚的姓氏命名，叫作华氏定理。

当时，大数学家哈代已经完成了有关数论的巨著，他看了华罗庚在"华林问题"上的研究后，笑着说："看来，我不得不修改我的书稿了。"

华罗庚在剑桥大学的两年中，就"华林问题""他利问题""哥德巴赫猜想",总共写了十八篇论文,先后发表在英国、苏联、印度、法国、德国的权威数学科学杂志上。

许多数学家看了华罗庚这些大大超过博士论文水平的文章,都十分震惊,公认华罗庚的研究成果在当时处于不容争议的领先地位。剑桥大学的数学家们,甚至惊叹地说:

"这是剑桥的光荣。"

华罗庚的成就已经远远超过了每一条学院式的要求,但由于他在剑桥大学从没申请过学位,因而没有得到博士学位。

但是,这位普通的剑桥访问学者,在剑桥,这个世界级的数学平台上,以其不可阻挡的攻势,异军突起,走进了世界数论研究的前列。

在剑桥人的眼里,华罗庚是一个前途不可限量的人物!

第十四章
回到新中国

1946年秋天，华罗庚应美国普林斯顿大学魏尔教授的邀请，访问美国。

与他同行的，有后来成为中国著名化学家的唐敖庆、著名核物理学家的朱光亚，还有后来与杨振宁一起发现了著名的"宇称不守恒"定律，获得了诺贝尔物理学奖的李政道。

可以说，漂洋过海的这几位，全是中华民族的精英。

浩瀚的太平洋，水连着天，天连着水。华罗庚站在甲板上，任海风拂面，久久凝视着远方，上海渐渐消失在地平线上了。那里，有他的妻子和孩子。想着苦难重重的祖国，华罗庚的心中无比惆怅。

这一次漂洋过海，和十年前那一次，华罗庚的心情完全不一样。

那一年，二十六岁的华罗庚奔赴剑桥大学，是一个从金坛小镇走来的年轻人，怀着对世界顶尖级数学圣殿的向往，跃跃欲试而去的。但是现在，三十六岁的华罗庚已是海内外负有盛名的数学家，美国之行，实在是有些迫不得已。

1938年，华罗庚结束了在英国剑桥大学的学习研究生活，带着献身祖国科学事业的愿望，从英国回到了祖国。

但是一踏上国土，华罗庚失望了。当时，战火已蔓延至北平。清华大学、北京大学、南开大学迁到昆明，合在一起叫作西南联合大学。

华罗庚徘徊在北平街头，一筹莫展。

此时，熊庆来也由北平迁往云南，担任云南大学校长。他听到华罗庚回国的消息，又一次伸出援助之手，推荐华罗庚到已迁往昆明的清华大学当数学教授。

这样，华罗庚就举家南下来到昆明。

城里的房租太高，华罗庚不得不在郊区的小村庄里租下了两间屋子。这位享誉海外的大学教授，一家六口人挤住在两间破旧的小厢楼里。楼下，户主养着猪和牛，牛蹭痒痒，猪们打架，不时弄出动静来，这动静令危楼摇摇欲坠。

晚上，华罗庚点着菜油灯进行研究工作，为了节省油，灯火只有黄豆粒大，闪着微弱的光。这情形，似乎又回到了二十年前，华罗庚失学后帮着父亲看店时，那种挑灯夜读的情景。

白天，华罗庚拖着病腿，去城里给学生上课，挣来微薄的薪水养活全家。无奈物价飞涨，他这点儿收入，让一家人吃饱肚子都难。懂事的大女儿华顺帮妈妈做家务，挑水、舂米、磨面，什么都干，可是有一天，她不慎将近视眼镜摔碎了，父母却无力再为她买一副新眼镜。

其实，华罗庚不是挣不到钱，以他的知名度，到日本人那里，可以当大官、挣大钱，但是他不当汉奸。

"教授，教授，越教越瘦。"当时教授们生活的窘困状，连乞丐都知道。

有一次，华罗庚拖着腿去城里上课，被两个乞丐跟上了。他实在掏不出钱来打发这俩乞丐，只好头也不回地走。而这两个乞丐又认定前面那个穿长衫的人，是能够讨要出几文钱来的，就一直跟了华罗庚几条街。无奈，华罗庚只得回头对他们说："我是教授。"那两个乞丐一听，立马掉头走了。

不久，华罗庚一家租住的那两间简陋的房子，在一次日本飞机狂轰滥炸之后彻底毁掉了，幸亏他的好友闻一多教授借给他一间小屋，才使一家人不至露宿街头。

其实，闻一多也就两间小屋，如今一间借给华罗庚，两屋之间没有隔间的壁板，他们只好在中间挂起一道布帘，作为华、闻两家的界线标志。

就是在这样艰苦的环境之中，华罗庚除了在清华大学教课之外，还先后写出二十多篇论文，并在1941年，完成了他的第一部著作《堆垒素数论》的手稿。

好不容易熬到了抗战胜利，国民党又发起了内战，灾难深重的中国依然处在战乱中。

因为到苏联去访问，回国后宣传苏联的科学成就，华罗庚上了国民党的黑名单，被特务盯上，随时有生命危险。就在这时，华罗庚的好朋友闻一多①被国民党特务杀害了。

政治的动荡不安，国家的贫穷落后，使科学家们无法从事尖端的科学研究。迫于无奈，华罗庚带家人到了上海，安顿好妻子和孩子后，又远涉重洋了。

也就是这一年，华罗庚的大女儿华顺，只身一个人离开

---

①闻一多（1899—1946）：原名闻家骅，又名多、亦多、一多，字友三、友山。中国现代伟大的爱国主义者，坚定的民主战士，中国民主同盟早期领导人，中国共产党的挚友，诗人、学者，新月派代表诗人。是一个特别爱国的人。

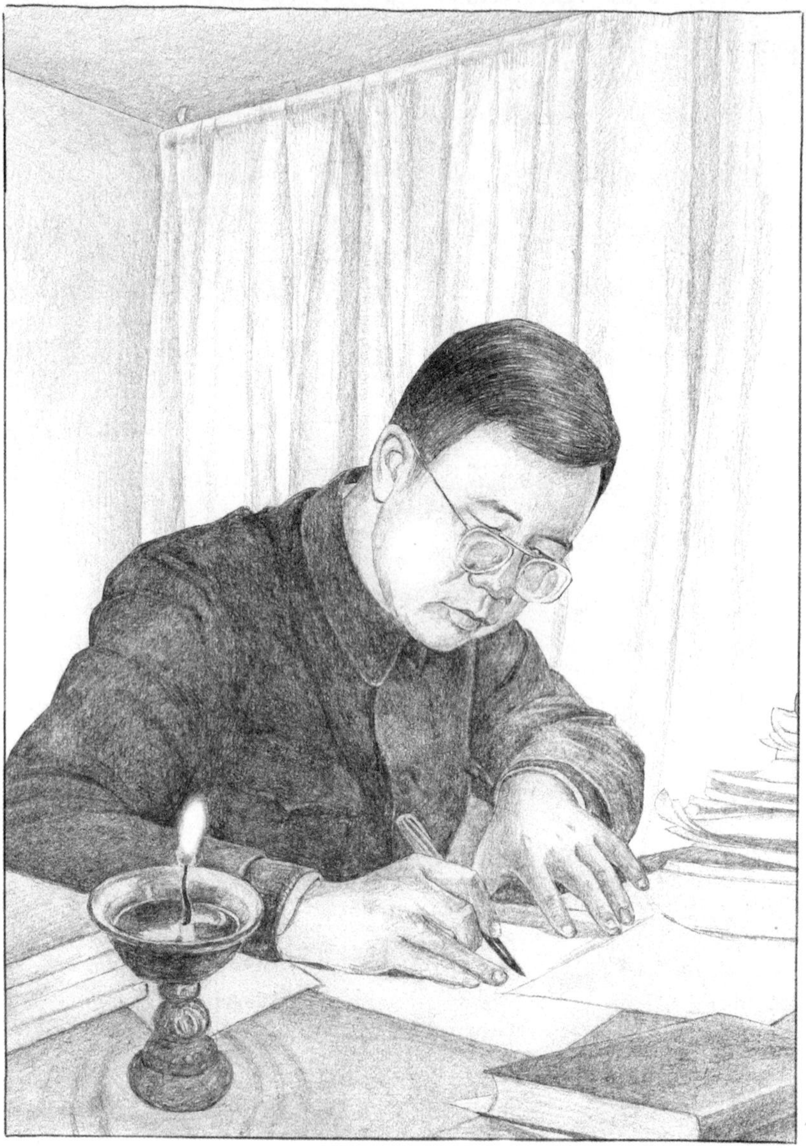

妈妈和外婆，千里迢迢地到了北平，进入燕京大学物理系念书。在大学里，华顺积极参加进步的学生运动，成为一个坚定的革命者。

胜利的脚步声越来越近了，当华顺和同学们正准备着迎接全中国的解放时，她突然收到了妈妈从上海寄来的信，要她立即动身回上海，然后跟全家一起去美国。

这时，华罗庚在美国已经被伊利诺伊大学聘为终身教授，美国的科学家对他的天才和成就赞叹不已，希望华罗庚能久驻美国，在美国进行数学研究。华罗庚接家眷到美国，这让美国的数学研究机构放下心来。

然而，华罗庚把全家人接到美国，则是出于另一番考虑。

因为华罗庚听朋友说，中国的解放已成定局，大军过江后，国民党有可能把一些社会名流及其家眷弄到台湾去。这让华罗庚非常不安，他想：无论如何也不能让蒋介石把我的家眷弄到台湾！于是，便火速给妻子和孩子办了护照，把他们接到美国。

到了美国以后再说。

当然，爸爸的想法女儿是不清楚的。见到家信后，华顺很纳闷，心想：我们是中国人，为什么一定要去美国呢？她赶回上海，向妈妈表示不去美国。她说："妈妈，你到了美国跟爸爸说，我已经加入了共产党，希望爸爸在解放战争结束后，早一点儿回来！"

吴筱元见女儿不为出国所动，便不再勉强，叮嘱了一番，带着其他的孩子乘飞机离开了祖国。

1949年10月1日，中华人民共和国宣告成立了！

在美国的中国学者和留学生都为祖国的解放欢欣鼓舞，奔走相告，也纷纷议论是继续留在美国，还是回到自己的祖国。

在大家谈到有哪些人能够回国时，没有一个人提到华罗庚的名字。因为，从大家的角度来看，在美国已经拥有了一切的华罗庚，是不会回国的。

的确，华罗庚在美国已经闯出了一块崭新的研究天地，备受重视。他不仅有令人羡慕的大学教授的工作，而且还有了设备先进的科研条件。在生活上，他有了洋房和汽车，妻子儿女过着富裕的生活……

华罗庚怎么会有回国的念头？

新中国成立掀起的归国浪潮也冲击了美国科学界，因为有一批华人学者在这里从事研究，其中，华罗庚和钱学森是美国科学界极力想挽留住的。他们不惜重金和种种许诺，甚至采取了一些阻挠的手段，试图留住杰出的人才。

然而，这一切都未能把华罗庚留住。

1949年末的一天，华罗庚兴高采烈地回到家里，一进房门，就大声喊道："祖国解放了，华顺来信了！叫我们快回去！"华罗庚把信拿给妻子看。

"走，还是不走呢？"吴筱元问。

"走，当然走！"华罗庚斩钉截铁地说。

1950年2月，华罗庚以到英国讲课为名，设法给全家弄到了船票，丢下美国的汽车和洋房，放弃了每年数万元的美金，带领妻子和孩子登上一艘邮船，从旧金山出发了。

冬日的阳光下，圣佛兰西斯海湾波光闪动，航船乘风破浪，驶离了美利坚。喧嚣的旧金山渐渐从波涛汹涌的海面上隐去，生活了四年多的美国远逝了。华罗庚站在甲板上，手扶船栏，激动无比，不住地自语着：

"再见了，美利坚！再见了，美国的朋友们！梁园虽好，非久居之地，归去来兮！"

1950年3月16日，华罗庚携夫人吴筱元和孩子回到了祖国。

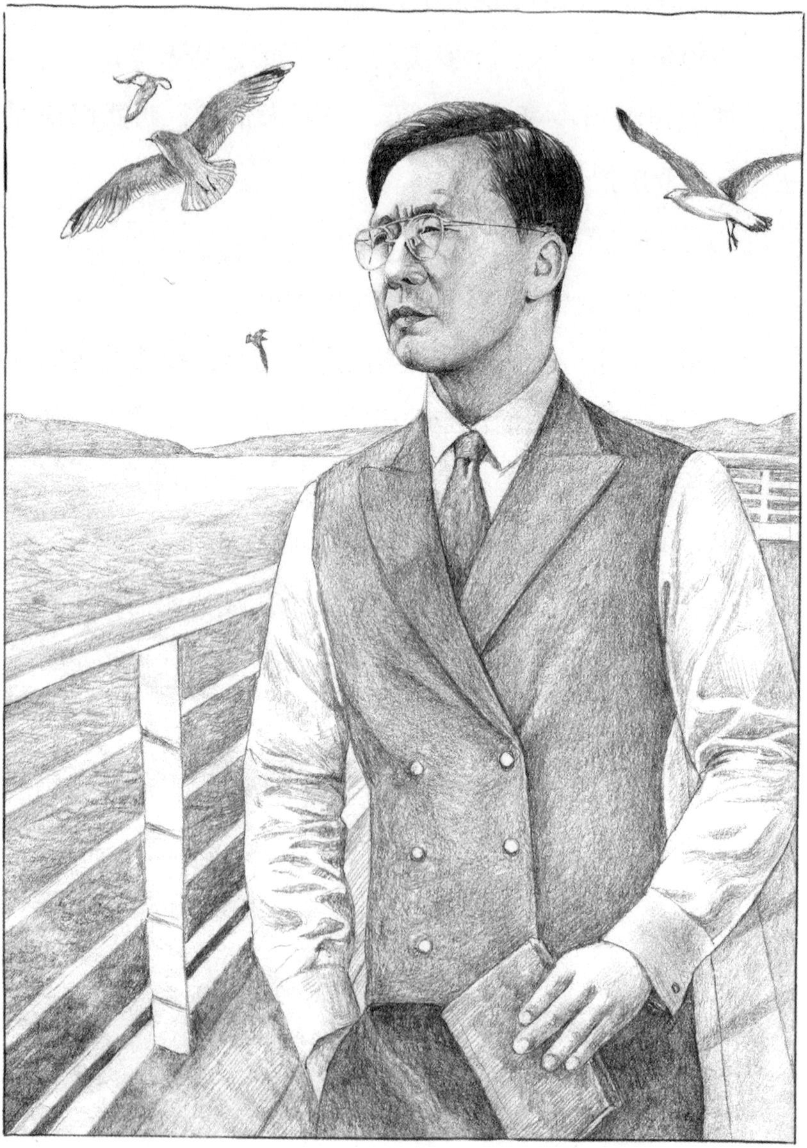

第十五章
发现一颗新星

1956年，在中国科学院数学研究所召开的全国数学讨论会议上，一位其貌不扬的年轻人和他宣读的论文，引起了参会者的注意。

论文的内容是对华罗庚的专著《堆垒素数论》的某个细节，提出自己的修改意见。

《堆垒素数论》是华罗庚的第一部专著，完成于1941年，当时的国民党政府未予出版，1946年在苏联出版，1952年，这部著作又被翻译到国内。华罗庚这部心血之作出版之后，获得了国际数学界一片好评，一些大师级的人物也对这部专著赞赏有加。至今，《堆垒素数论》仍然是世界数学领域的经典之作。

从没有人对华罗庚这部经典著作提出质疑，但是这个年轻人却这样做了。他的论文立即引起了人们的震惊。

一

"他从哪里来，是干什么的？"参会的人们纷纷打听。

这之前，国内数学领域从未听说过这个人。一个名不见经传的小人物，又这么年轻，按说，他是没有资格参加如此重要的学术会议的，但是，这个年轻人来了，还能够在大会上宣读论文！

让这个年轻人来的，正是中国科学院数学研究所所长华罗庚。此刻，他就坐在主持人席位上，非常认真地听着，脸上不时露出欣赏的神色。

参会的人们很快知道，敢于对华罗庚的著作提意见的这个留着小平头、又矮又瘦的年轻人叫陈景润，是厦门大学图书馆的管理员。显然，这个小人物从未进入过我国的数学领域。

那么，他又是怎么被数学大师华罗庚发现的？

陈景润就读于厦门大学数学系，毕业后被分配到北京四中当老师，由于他痴迷于数学研究，忽视了教学工作，口头表达能力又差，被学校以不适合当老师为由辞退了。

回到厦门后，陈景润得到当时厦门大学校长王亚南的关照，回到母校，做了一名图书馆管理员。这样，陈景润可以一边工作，一边博览群书了。对于不善与人打交道，只痴迷于数学的陈景润来说，这是最惬意的事了。

在这里，陈景润读了华罗庚的《堆垒素数论》。

对于作者华罗庚，陈景润是怀着敬佩之情的。但是，敬佩不等于盲目崇拜。陈景润读得很仔细，有的部分，他竟然读了三四十遍！而且一边读，一边按照自己的思路演算。

能够把一本书读这么多遍的人，一定是读进去了。

读进去了，陈景润就发现了一点点问题。这让他怀疑自己：大师的著作能有问题？这是数学名家的笔误，还是自己的知识过于浅薄呢？

经过反复的验算，陈景润确信自己是正确的，就写了一篇论文，题目是《他利问题》。陈景润在这篇论文中说，他精读了华罗庚教授的《堆垒素数论》，觉得其中关于"他利"问题的几个地方，似乎还可以改进，并且提出了具体改进的意见。

论文完成后，陈景润把它交给了自己的数学老师李文清。

李文清看过后，认为陈景润的改进使华罗庚的《堆垒素数论》更完美了。他说："《堆垒素数论》好比一颗明珠，你

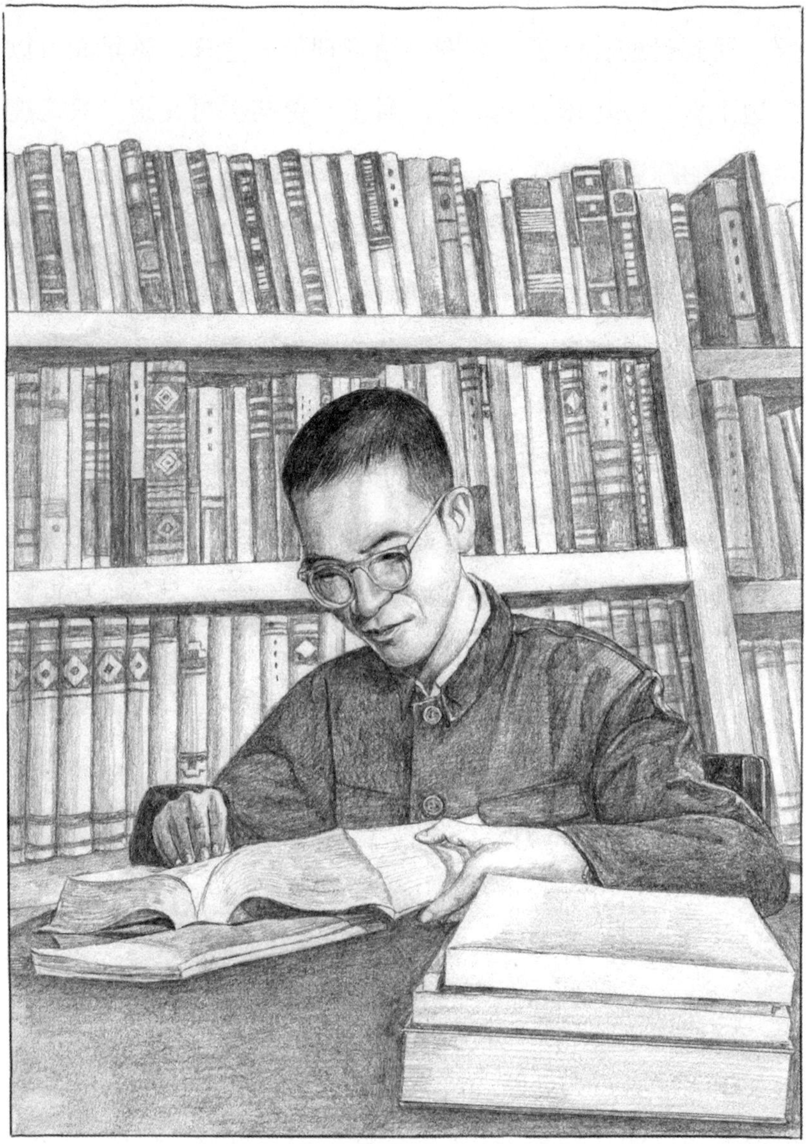

的工作，如同把这颗明珠上的灰尘拭掉了。"

在老师李文清的鼓励下，陈景润怀着忐忑的心情，把论文寄给了华罗庚。

论文寄出后，陈景润是惴惴不安的，深怕冒犯了这位自己崇拜的数学大师，也怀疑自己这样做，是不是有些狂妄。因为，自己教中学数学都不合格呢！

没想到，这封信从此改变了陈景润的命运。

华罗庚看了陈景润对他的著作提出的建议后，非常高兴。问他的助手："这个陈景润是干什么的？"

当听说陈景润是个微不足道的图书管理员时，华罗庚不但没有轻视他，反而对这个年轻人的智慧和胆识大为欣赏，他说："这个年轻人很好！他很有想法！"又对自己的学生说："你们朝夕在我的身边工作，为什么就没有想到对我的著作提意见呢？"

华罗庚渴望尽快见到这个年轻人，他让学生给陈景润发请帖："就说我请他作为特邀代表，到北京来参加数学研讨会，请他到会做报告。"

就这样，陈景润到了北京。

华罗庚立即约见了陈景润。在北京西苑饭店的一间会客室里，华罗庚笑盈盈地打量着站在自己面前的这位瘦小、腼腆的青年人，和蔼地说："你写的《他利问题》的论文我看了，写得非常好，很有想法。"

"谢谢，谢谢华老师的关怀。"

不善言谈的陈景润只会红着脸，感激地重复这一句话。

第二天，在华罗庚的亲自引荐下，陈景润走上讲台，面对来自全国各地的几百位数学研究专家，报告了自己的研究成果。

华罗庚认真地听着，越听越觉得这年轻人是个难得的人才，很有前途。

在这之前，人们给华罗庚推荐过许多数学人才，他都没有要，唯独看中了陈景润。不久，他就派人千里迢迢到厦门大学，经过一番奔走，把陈景润调到了中国科学院数学研究所。

这是华罗庚一生中，唯一一次亲自点名调一个人。后来的事实也证明了华罗庚慧眼识英才，陈景润果然没有辜负他的期望。

二

1956年的一天，陈景润提着行李来到了中国科学院数学研究所。

这是中国数学界的顶级团队，由中外闻名的数学家华罗庚做所长，汇集了许多年轻的数学研究才俊，在这样一个出色的团队中，陈景润开始了向数学王冠上的明珠——哥德巴赫猜想的进军。

其实，陈景润与哥德巴赫猜想的缘分，在读大学的时候就结下了。

那是在一次数学课上，他的数学老师李文清这样对学生们说："同学们，在数论发展史上，还有三个没有解决的大难题，这就是：费尔玛问题、孪生素数问题和哥德巴赫猜想。"

什么是哥德巴赫猜想呢？

1742年，德国有位名叫哥德巴赫的数学家，给大数学家欧拉写了一封信。他在信中提出了一个猜想：任何一个大于2的偶数都是两个素数之和。欧拉给哥德巴赫回信说，他相信这个猜想是对的，但是他不能证明。

自大数学家哥德巴赫提出"任何一个大于2的偶数都是两个素数之和"的猜想以来，两百多年中，虽然经过不少优秀数学家们的努力，可是前一百五十年进展不大，直到近代才有一点儿进展……

讲完这个故事，李文清老师说："哥德巴赫猜想就像是数学王冠上的一颗明珠。同学们，将来你们当中要是有人解决了其中的哪怕是一个问题，对世界数学的科学研究都是极为了不起的贡献。"

从那一刻起，这个神秘的数学故事便嵌在陈景润的脑海里。当时，十九岁的陈景润虽然不明白哥德巴赫猜想是怎么回事，但他暗暗下定决心：我要攻下这道著名难题！

来到中国科学院数学研究所，来到大师华罗庚身边，陈景润实现人生的梦想有了可能。

这个时候，也正是中国科学院数学研究所的鼎盛时期。

回国以后，华罗庚十分注重培养年轻人，一大批年轻有为的科学家聚集在这里。陈景润加入其中，很快成了他们中的佼佼者，但也是一个最傻、最呆的人。这个每天只睡几个小时的家伙，研究数学走火入魔，经常闹出笑话来。

比如陈景润在图书馆里读书，有时忘了下班，结果被图书管理员下班时反锁到图书馆里。

去食堂吃饭，有时走到半路，陈景润忽然又返回宿舍，埋头写写算算起来，以为自己已经吃过了。甚至走路，陈景润都在思考问题，有时会走到沟里，有时会撞到树上。

有一次，陈景润撞到树上后，脑袋上起了一个大包，疼得不得了，他还以为是自己撞了人，不停地向树道歉："对不起……"

一时间，人们都很奇怪，华罗庚千挑万选，竟然从偏远的地方弄来了这么一个行为怪怪的小个子。

笑话传到华罗庚那里，他不由地感慨起来，联想到几十年前，自己在金坛小镇上也做过类似的事情，被人叫作"罗呆子"。这个年轻人多么像当年的自己！由此，华罗庚更加喜欢这个潜心研究的小伙子。

中国科学院数学研究所的这支生机勃勃的大军，在华罗庚的带领下，频频向数论高峰发起强有力的冲击，取得了举世瞩目的成就。其中对"哥德巴赫猜想"的研究成果最为显著。

而此时，围绕哥德巴赫问题，世界各国的数学家们也都在孜孜以求，就像一场激烈的国际比赛那样，不断地刷新世界纪录。

在中国，早年首先由熊庆来发起攻击，华罗庚曾把这个问题的研究推到一个新的高度，而他率领的年轻人，更是攻势凌厉。

1956年，王元证明了（3+4）；

1963，王元、潘承洞证明了（1+4）；

1965年5月，陈景润证明了（1+2）！

这个证明，把"哥德巴赫猜想"研究成果的旗帜，插到

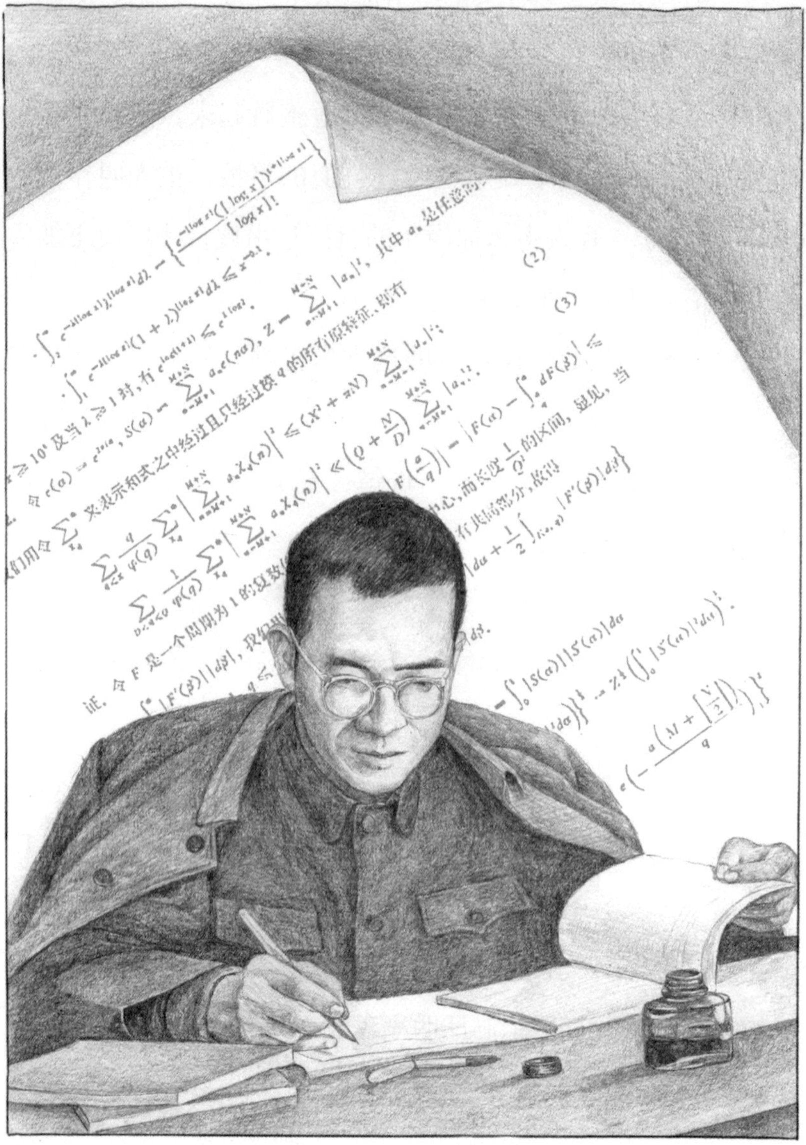

前人从未达到的高峰，震惊了中外。

陈景润就像一颗光彩夺目的明珠，突然抛进了国际数学界，引来各国数学家们的一片赞叹声。他的研究成果被誉为"移动了群山"，并被命名为"陈氏定理"。

美国和欧洲的一些国家也纷纷邀请陈景润前去讲学。

看着陈景润的成就和辉煌，作为他的导师，华罗庚非常高兴。他庆幸自己当初没有看错人，庆幸自己毕生从事的事业终于有了后来人。

第十六章
永远的初中生

1980年初夏,华罗庚回到了阔别五十多年的金坛中学。

这个时候,华罗庚已经是满头银发,闻名中外的大科学家了。他的传奇故事在海内外广泛流传,如果细细地讲来,再有几十本这样的书也是讲不完的!

当然,这些故事中有许多我们可能永远都不会知道。因为,华罗庚不是一个善于谈自己的人。然而,如果让他谈数学,他会不知疲倦地跟许多人说。如果有可能,他会讲遍全世界。

正像美国科学院普雷斯教授介绍华罗庚的成就时说的:"他是一个自学出身的人,但是，他教了千百万人民！"

20世纪50年代始，华罗庚带领着他的数学团队跑遍了祖国的大江南北，推广"优选法""统筹法"，让数学这个被尊为科学领域中的皇后的学科，屈下了她的高贵之身，帮助工厂多生产，帮助农民多打粮，帮助建设者提速度……

这是世界上任何一个大数学家都难以做到的。

由于成就卓著，1984年，华罗庚以全票当选为美国科学院外籍院士，成为美国科学院一百二十年历史里，获得这个荣誉称号的第一位中国科学家。

历史上，被选为美国科学院外籍院士的，有门捷列夫、居里夫人、哈代、法拉第、赫胥黎、巴甫洛夫等著名科学家。

在晚年，华罗庚做了一位让世界了解中国的科学使者。美国、欧洲、日本……所到之处，迎接华罗庚的都是掌声、鲜花和仰慕。跟随他的足迹，可以采撷到一个个传奇的小故事。

比如，在美国访问讲学期间，有一天傍晚，华罗庚坐在轮椅上，由儿子华光推着，在洛杉矶附近的街头散步。这时候，有两个华侨青年认出了他，非常惊喜，与华罗庚合影后，他们说："华教授，您听说过没有？日本侵华战争中，日本天皇曾下过一道命令：第一，不准炸北京的故宫；第二，不准炸您！"

华罗庚笑了："哪里，躲飞机轰炸的时候，我也被埋在土里了。"

谦虚朴实，宠辱不惊。这就是让中国人骄傲的华罗庚。多少奇迹发生在他身上，但是，他从不觉得自己是一个多么了不起的人物，也从没有忘记金坛小镇和当初那所小小的金坛中学。

所以，在七十岁高龄的这一年，这位让金坛人引以为豪的老人，在百忙中回到了家乡，回到了母校。

在孩子们一张张笑脸的簇拥下，华罗庚仿佛又回到了五十年前，儿时的故事一个个闪了回来。他动情地说："在国外，有人问我是什么学历，我总是说，我的最高学历是初中毕业，我的母校是金坛中学。"

是的，从这个小镇出去，华罗庚再也没有拿过什么学历，但他从不为自己的学历低而自卑。即便是20世纪40年代，在美国的普林斯顿高等数学研究院，和一些大科学家，包括爱因斯坦等交往时，他也坦荡自得地说："我是初中毕业。"

然而，这个从不去追求高学历，只沉迷于数学的人，晚年却被授予了许多很高的学位：伊利诺伊大学名誉理学博士、法国南锡大学荣誉理学博士、香港中文大学荣誉理

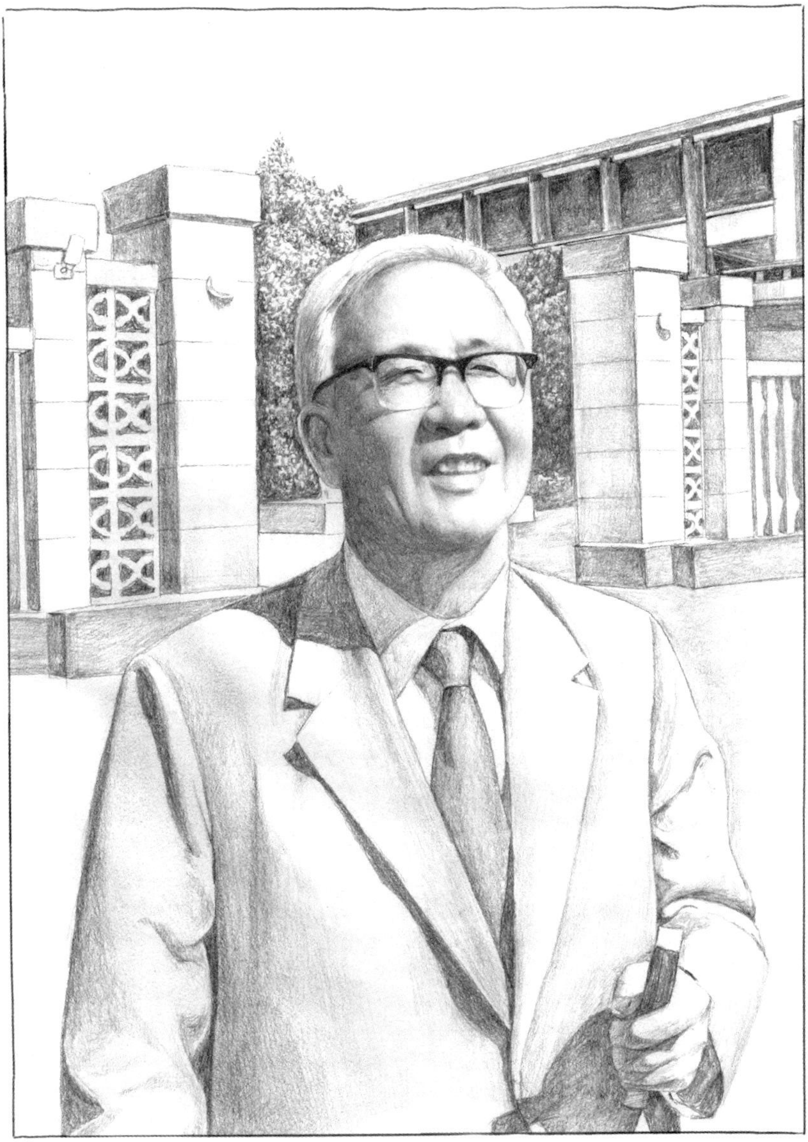

学博士……

华罗庚毕生追求的，只有数学。

他是一个为数学而生的人，他也为数学而去。最终，华罗庚倒在了在日本东京大学做数学报告的讲坛上。

这是1985年6月12日，一个中国人民为之悲伤的日子。华罗庚，这颗蜚声国际数学界长达半个世纪之久的巨星陨落了。

然而，这个初中生成为大数学家的故事，则会一代一代地传下去。